KB088546

장사는 컨셉이다

불황기 10배 성장, 망해가는 가게도
살려내는 아주 작은 컨셉의 힘

장사는
컨셉이다

정선생 지음

카시오페아
Cassiopeia

"결국 손님은 당신의 '컨셉'에 지갑을 연다!"

저는 뉴질랜드의 힌튼스오차드(Hinton's Orchard)라는 농장에서 난생 처음 먹을 수 있는 것을 만들었습니다. 바로 와인이었는데 내 손으로 먹을거리를 만든다는 것의 기쁨을 그때 알게 되었습니다. 그래서 요리사라는 꿈을 꾸게 되었고 귀국 후 나주곰탕의 이진우 대표님에게 정식으로 요리를 배우게 되었습니다. 그리고 이랜드 외식사업부의 한식CM에 입사하여 주방의 기술을 수련하며 매장관리 및 메뉴 개발 등을 하게 되었습니다.

이를 마중물로 함흥냉면 전문점인 '김가면옥'을 선배 요리사와 공동 창업하게 되었습니다. 그러나 너무 열정이 넘쳤던 나머지 손목을 쓸 수 없을 만큼 혹사하였고 심각한 손목터널증후군으로 결국 일선에서 물러났습니다. 더 이상 칼을 들 수 없다는 사실에 절망하고 있을 때 지인의 소개로 '카페 wait'를 운영하게 되었고, 정육 전문 업체인 '삼오미트'의 생산 과장으로 일했습니다. 요리는 아니었지만 열성적으로 일에 매달리던 저는 결국 계속되는 고질병으로 인해 요리를 내려놓게 되었습니다.

지금은 전직 요리사, 바리스타, 매장 경영의 경력을 살려 '외식 컨설턴트'로서 약 360곳 업장의 컨설팅 및 자문위원으로 활동하고 있습니다. 외식 컨설턴트란 성장을 원하거나 문제를 해결하기 원하는 외식업장을 찾아가 인터뷰를 하고 매장 상태, 매입, 매출 등 각종 자료를 분석해 업장에 알맞은 마케팅, 인적관리 등을 제시하는 등 전반적인 경영분석 후, 솔루션을 제공하는 사람입니다.

외식 컨설턴트로 수많은 업장을 방문하다보니 사장님들의 공통적인 고민을 알 수 있었습니다. 바로 장사에 대해 공부를 하고 싶은데 어디서부터 어떻게 접근해야 할지 모르겠다는 것이었죠. 장사가 안 되는데 그 원인과 해결책을 어떻게 찾아야 할지 몰라 답답해하시는 경우도 많이 보았습니다. 또 창업을 하고 싶은데 어디서부터 해야 할지 막막하다는 분들도 상당히 많았습니다.

이 책은 이런 사장님들의 의견들을 수집한 뒤 100% 제 경험에 의한 솔루션과 실제 컨설팅 사례를 담았습니다. 특히 아직 장사의 재미를 보지 못한 사장님들이 이 책을 통해 장사에 대해 좀더 쉽게 접근할 수 있도록 노력하였습니다. 또한 장사에 대해 재미를 느끼시는 동안 자연스럽게 실력과 정보가 쌓일 수 있도록 실전 사례와 이론을 소개하는 동시에 각 장 끝에 체크리스트 및 각종 양식을 첨부하여 매장 창업과 운영 관리에 도움을 드릴 수 있도록 집필하였습니다.

《장사는 컨셉이다》는 외식업 창업을 준비하시는 분, 장사를 하고 계신데 업장의 발전을 원하시는 분, 장사에 관심이 있으신 분, 현재 주방에서 일하시는 모든 분들께 도움을 드리는데 초점을 맞추었습니다. 이 책을 통하여 독자 분들께 전하고자 했던 마음을 세 가지입니다.

첫 번째, 수학 문제를 풀기 위해서는 공식을 먼저 공부해야 하듯 장사를 하기 위해서는 장사법에 대해 공부를 하고 사업 시작 전 충분한 선행학습을 해야 한다는 것입니다. 제가 이 책을 통해 집중적으로 다룬 장사의 공식은 경영, 마케팅, 마인드에 대한 것이었습니다. 위 내용들은 모든 사업의 기본이기에 충분히 공부하고 이해해야 합니다. 공부가 어느 정도 되었다면 업계의 사람들과 인연을 맺는 것이 중요합니다. 업계의 속사정과 노하우를 조금씩 습득한다면 사업 시작 시 발생하는 시행착오와 실패 위험을 줄일 수 있기 때문입니다. 장사는 철저한 공부 하에 시작해야 하는 과목과 같습니다.

두 번째, 이미 사업을 시작하였는데 부족한 준비로 인해 현장에서 좌절하고 있는 분들을 위해 '모든 것은 당신의 잘못이 아님'을 말씀드리고 싶었습니다. 자영업을 시작하는데 기초가 약한 것은 어쩌면 너무나도 당연한 현상입니다.

현재 우리나라의 자영업계는 IMF이후 빠른 퇴직으로 아무 준비 없이 생계를 위해 자영업으로 뛰어든 사람들이 많습니다. 충분한 고민과 공부가 되지 않은 상태에서 생계를 위해 장사를 시작하다보니 개인 자영업 기술을 기반으로 하는 업장보다는 프랜차이즈업이 발전하게 되었습니다. 프랜차이즈업의 발전은 자영업으로 뛰어들 수 있는 길을 더욱 넓혀주었지만 장사의 공부와 기술을 신경 써야 한다는 사실을 잊게 만들었습니다.

시대의 현상을 파악하고 돌파하는 길은 너무나도 힘든 일입니다. 그러기에 사업으로 인하여 현장에서 실패와 좌절을 맛보는 것은 어쩌면 너무나도 당연한 것이라 생각했습니다. 지금 일어나는 모든 부정적인 생각들은 당신의 잘못이 아닙니다. 그러기에 지금 이 책을 읽는 독자 분들께서는 모든 긍정적 에너지로 밝은 미래에만 집중하시길 바랍니다.

세 번째, 끝까지 도전하시기 바랍니다. 당장 취하는 성공들은 그저 독자 여러분들이 지나가는 하나의 관문에 불과합니다. 독자 분들께서는 더 큰 것을 이룰 수 있는 힘과 에너지를 갖고 있습니다. 세상 그 누구보다 더 큰 뜻과 비전을 갖고 세상에 좋은 에너지를 주는 삶이 사업가의 삶입니다. 여러분의 삶 역시, 세상에 좋은 에너지를 주는 소중하고 귀한 삶입니다. 여러분이 자신의 역량을 마음껏 펼칠 수 있길 바랍니다.

새로운 도전에 대해 전폭적인 응원과 지지를 해준 사랑하는 아내 희정, 세상에서 제일 존경하고 사랑하는 양가 부모님과 승규, 수정에게 감사한 마음을 전합니다. 또한 집필에 있어서 많은 조언과 영감을 주신 홍택 삼촌, 현희 이모, 성진 형 , 영우 형님, 인수 형님, 이은대 선생님에게 다시 한 번 감사의 마음을 전합니다.

4장 고전하는 사장님을 위한 장사 컨설팅

1장

장사는 컨셉이다

지금 장사를 시작하려 한다면?

　요즘 많은 사람이 창업을 고민합니다. 10년 전에는 5060 퇴직 세대만의 고민거리였지만 이제는 나이 구분이 없습니다. 20대부터 60대까지 남녀를 불문하고 창업에 대해 이야기합니다. 하지만 대부분은 어떤 업종을 창업할지에만 몰두할 뿐, 창업에서 무엇을 고민하고 공부해야 하는지, 어떻게 해야 하는지는 전혀 생각하지 못합니다.

문만 열면 손님이 알아서 찾아올 줄 알았는데

　경기도 S도시 작은 골목에 위치한 S카페는 오늘도 한적합니다. 젊은 사람들이 좋아할만한 분위기의 카페건만 손님이 없습니다. 카페 사장님은 오늘도 카운터에 우두커니 서 있을 뿐입니다. 그간 매장을 운영하시며 힘드신 점이 무엇이었는지 물었습니다.

　"매장을 열기만 하면 손님이 찾아올 줄 알았어요. 그런데 어제는 커피 20잔도 못 팔았고 오늘은 10잔 팔기도 힘들 것 같아요. 오픈하는 가게들 보면 줄서서 먹던데 우리 가게는 일주일 밖에 안됐는데도 이렇게 장사가 안 돼요. 홍보가 필요한 건 알겠는데 뭐부터 해야 할지 모르겠어요."

저를 보자마자 하소연하는 사장님을 보니 가슴이 쓰렸습니다. 하지만 당장 제가 할 수 있는 것은 웃음 지으며 "사장님! 오픈하신지 얼마 안 되셨는데 그래도 힘내셔야죠!"라는 응원뿐이었습니다.

비싼 인테리어를 하면 좋은 줄 알았는데

P카페의 사장님을 만났습니다. P카페 사장님은 자녀들이 어느 정도 크자 뭘 하면 좋을까 생각하다가 커피숍을 차리게 되었답니다. 카페는 깔끔한 분위기의 인테리어로 누가 봐도 '신경 쓴' 느낌이었습니다. 하지만 홀에는 손님 하나 없었습니다.

"사장님, 우선 경영 분석을 위해 투자금부터 알아봐야 해요."

"의자하고 책상만 해서 800만 원 줬어요. 그러니 나머지는 짐작가시죠?"

P카페는 10평정도 크기의 매장으로 2인석 테이블이 9개, 의자가 18개 있는 곳이었습니다. 이 정도 자재에 800만 원이라니 입이 쩍 벌어지는 가격이었습니다.

"너무 비싼 것 아니에요?"

"이것저것에 다 신경 썼다면 저는 아예 가게 못 차렸을 거예요. 하지만 말씀을 들어보니 바가지를 쓴 것 같아요."

10평의 P카페는 창업비용으로 총 7,000만 원이라는 매우 비싼 투자 비용을 지불했으나 일 매출은 20만 원이 안 되었습니다.

미끼 상품만 팔려서 이윤이 남지 않아요

B곰탕은 노년층이 많은 동네에 형성되어 있는 국밥 골목에 창업을 하였습니다. 이 국밥 골목의 평균 국밥 가격은 7,000~8,000원 정도였습니다. 하지만 B곰탕집은 파격적인 6,000원을 제안하며 손님을 끌었습니다. 하지만 오픈한지 5개월이 지난 지금은 오픈할 때 대비 매출이 반 밖에 되지 않습니다. 사장님과 상담을 진행하다보니 혼자서 얼마나 많은 고민을 하셨을지 짐작이 갔습니다. 사장님의 고민을 들어보니 약 세 가지로 정리할 수 있었습니다.

첫째, 가게를 막 열고서는 소위 말하는 '오픈발'로 손님이 많이 몰렸지만 직원이 제대로 교육되지 않은 상황이어서 서비스 질이 떨어졌고 그로 인하여 많은 손님들이 등을 돌렸다는 것과 이렇게 등 돌린 손님을 어떻게 해야 할지 모르겠다는 것이었습니다.

둘째, 미끼 상품인 국밥만 저렴하게 6,000원에 파는데 90% 이상이 국밥만 먹고 가 주류나 다른 메뉴를 팔지 못하니 어떻게 해야 할지 모르겠다는 것이었습니다.

셋째, 24시간 업장인데 야간에는 인건비와 운영비 제외하면 마진이 나오지 않는 것 같아 정확한 분석이 필요한데 이런 것을 어떻게 해야 하는지 모르겠다는 것이었습니다.

대학 입학 준비처럼 장사도 철저하게 공부하자

앞의 이야기는 모두 창업을 준비하는 과정에서 장사에 대한 공부나 사전 점검이 부족해서 일어난 결과입니다. S카페나 P카페의 경우는 창업을 준비하며 확실한 장사 컨셉을 정했어야 합니다. 특히 P카페는 시작 전 인테리어 시세를 제대로 알아보았다면, 시설 투자비를 아끼고 가게 예비 운영비를 확보하여 지금보다는 훨씬 안정적인 운영을 할 수 있었을 것입니다. 또한 국밥집의 경우에는 오픈 전에 체계적으로 시장성 조사를 하고 직원 교육을 했다면 손님이 계속해서 찾는 매장이 될 수 있었겠죠.

이제껏 많은 분들의 창업 컨설팅을 하며 공통적으로 들었던 생각은 모두 브랜드와 위치 선정에 열을 올릴 뿐 가장 중요한 장사에 대한 공부에는 무관심하다는 것이었습니다. 이제 우리는 장사를 시작할 때 좀 더 똑똑해질 필요가 있습니다. 대학 진학을 위해 우리는 못해도 6년 이상 공부합니다. 그런데 인생을 건 장사를 위해서는 단 2달조차 제대로 고민하지 않는 경우가 많습니다.

어떠한 마음을 갖고 장사를 시작해야 하는지, 어떻게 해야 성공적으로 장사를 할 수 있을지 대학 입학을 준비하듯 철저히 공부해야 합니다. 이 부분은 이미 장사를 시작하신 사장님이라면 모두 공감할 것입니다. 예비 사장님들도 가장 많이 물어 보는 부분입니다. 그리고 그분들이 다시 묻습니다.

"장사 공부, 꼭 필요합니다. 그런데 그 장사라는 것은 무엇을, 어떻게 공부해야 하나요?"

　장사의 성공을 꿈꾸며 가장 치열하게 고민하고 공부해야 할 것은 바로 '컨셉 정하기'입니다. 장사의 성공을 좌우하는 부분이죠. 지금부터 이 책을 통해 어떻게 장사의 컨셉을 알아가야 할지 공부해보기 바랍니다.

일 매출 8만 원을
40만 원으로 바꾸는 컨셉의 힘

컨셉은 약자의 무기입니다. 독특한 컨셉 하나로 이름만 대면 알만한 대기업을 물리치고 골목상권의 강자가 되는 경우가 많습니다. 컨셉은 우리가 팔려고 하는 제품과 고객이 구매하고 싶은 욕구를 결합시키는 데서 생겨납니다. 강력한 컨셉은 어떤 광고나 홍보보다 훨씬 더 힘이 셉니다.

1억을 투자하였는데 하루에 8만 원 밖에 못 번다고?

최근 제가 상담을 진행했던 W카페의 일 매출은 8만 원이었습니다. 일 매출 8만 원이면 주말에 좀더 팔았다고 계산해도 월 매출은 400만 원이 넘지 않는다는 것을 의미합니다. 사장님께서는 일주일 내내 하루 12시간 넘게 혼자 일하며 매달 꼬박꼬박 130만 원의 월세를 지불하고 있다고 했습니다. 그렇게 1년 가까이 성실하게 일했지만 이렇다 할 성과를 못 내고 있다니 가슴이 아렸습니다.

이 매장은 누가 보아도 모던한 분위기의 커피숍으로 나름 도로변에 위치해 있었지만 이상하리만치 장사가 잘 되지 않는 매장이었습니다. 장사가 안 되는 이유를 무엇으로 꼽고 있는지 사장님께 물었습니다.

"제 생각에는 장사한지 1년이 다 되었지만 아직 단골 수가 적어서 그런 거 같아요."

"사장님, 그렇다면 스스로 생각하시기에 이 매장의 컨셉은 무엇이라고 생각하시나요?"

"음, 글쎄요. 매장의 컨셉에 대해선 사실 생각해본 적이 없어요. 인테리어 업체에서 추천해준 것 중 하나를 골라서 오픈했거든요. 굳이 말하자면 우리 매장의 컨셉은 편안한 느낌을 주는 카페라고 말할 수 있을 것 같아요."

사장님은 쑥스러운듯 웃으며 말씀하셨습니다. 매장의 실적은 좋지 않으나 그래도 긍정적인 사장님의 모습을 보니 조금만 도움을 드리면 확실한 컨셉을 잡고 매출을 올릴 수 있을 것이라는 확신이 섰습니다.

W카페 컨셉 잡기

W매장의 사장님과 매장 구석구석을 체크하며 그동안 왜 장사가 되지 않았는지, 또 컨셉을 무엇으로 하면 좋을지 의논했습니다.

Why: 왜 장사가 잘되지 않는가?

우선 매장 내외부의 이미지를 체크했습니다. 카페의 모습은 분명 깔끔하고 모던한 분위기를 느낄 수 있지만 밖에서 보면 도로변에 위치한 W매장은 다른 매장에 비해 안쪽 코너에 있어 신경써서 보지 않으면 눈에 잘 들어오지 않았습니다. 음악 소리 하나 들리지 않고, 홍보배너도 없어 흡사 폐업한 매장처럼 보였습니다.

내부는 일단 조명이 너무 어두웠습니다. 그리고 깔끔한 인테리어 분위기와는 달리 메뉴판에 적힌 구색 맞추기용 메뉴인 녹차, 생강차 등은 매장의 컨셉을 어지럽히고 있었습니다. 당장 매장 분위기와 메뉴 그리고 일하는 사람이 일치하는 확실한 컨셉이 필요했습니다.

What: 무엇을 해야 장사가 잘 될 수 있을까?

W사장님은 인테리어업자가 제시한 포트폴리오 중에 하나를 선택하여 공사를 하고 커피숍 컨설팅 업체가 짜준 데로 메뉴를 받아 장사를 시작해서 컨셉에 대한 고민을 한번도 해보신 적이 없었습니다. 이런 사장님에게 맞을 만한 컨셉을 정한 뒤 실행해야 현 매장을 살릴 수 있을 것이라 생각했습니다.

"사장님, 편안함을 주는 카페가 사장님이 생각한 컨셉이라고 하셨잖아요. 그렇다면 거기에 맞게 매장의 내부, 외부를 체크하고 사장님의 서비스마인드와 패션 컨셉을 바꿔보시는 것이 어떨까요?"

"좋아요. 사실 저는 화려하거나 꾸미는 것을 좋아하지 않아서요. 담백하게 저를 보여줄 수 있는 그런 매장을 만들면 딱 좋겠네요. 그럼 어디서부터 어떻게 시작해야 하나요?"

"답은 간단해요. 바로 편안함이라는 컨셉에 맞게 매장과 사장님을 꾸

미면 되어요. 여기에 하나 더, 매장이 도로변에 있긴 한데 안쪽으로 들어가 있어 지나가는 사람의 눈길을 잡지 못하고 있어요. 간판도 평범하고요. 홍보 도구를 이용해서 매장의 존재 자체를 노출해야 해요."

How: 그렇다면 어떻게 매장을 노출할 수 있을까?

"편안함이라는 컨셉을 어떻게 강조해야 할지 모르겠네요. 편안함이 평범함으로 보일까봐 조금 걱정이 돼요."

걱정하는 사장님과는 다르게 저는 마음이 편안했습니다. 컨셉을 정하는 것이 어렵지 일단 정해지면 그 색에 맞게 옷을 입히기만 하면 끝나는 문제이기 때문이었죠.

"사장님, 오늘은 작은 것부터 시작해볼게요. 간단히 조명을 조금 추가해서 가게를 밝게 하고 편안함이라는 컨셉에 맞게 고객의 편의를 만들어봐요."

사장님과 함께 조명, 의자의 쿠션, 동선 등 손님들이 편안함을 느낄 수 있는 분위기를 만드는 동시에 밖에서 매장을 보았을 때 더욱 매력적으로 보일 수 있도록 스피커를 설치했습니다.

동시에 글씨만 있어 지나가는 예비 고객이 눈여겨 보지 않는 홍보 배너를 교체할 계획을 세웠습니다. 가격 할인, 1+1 등과 같은 파격적이고 매력적인 프로모션을 진행하며 이에 맞게 할인 가격 등이 적힌 배너를 제작하여 지나가는 예비 고객의 시선을 잡도록 했습니다.

목표 매출 600만 원 솔루션

1. 스케줄 관리

① 휴무일 진행: 수요일 추천

② 업장 운영시간 변경: 10:00~22:00 → 11:00~22:00

③ 변경 사항은 정확히 적어 매장 앞에 공시

2. 행동 지침

① 매장에 있는 시간에는 손님이 없더라도 홀에 나가 있을 것: 이는 매장에 손님이 없어도 손님이 있는 것처럼 보일뿐더러 홀 상태를 파악해 손님의 시선으로 매장을 바라보고 서비스 개선 등 매출을 올리는 자기개발을 할 수 있다.

② 손님들이 들어올 때는 "어서오세요"라고 맞이하고, 나갈 때는 "좋은 하루 되세요"라고 항상 활기차게 인사할 것: 이는 손님과의 친근감 높여 재방문을 유도한다.

3. 프로모션 계획

① 1주년 감사 프로모션 진행: 파격적으로 할인된 제품 하나를 배너로 제작해 노출함으로써 사람들의 이목을 끌도록 한다.

4. 프로모션 배너 문구

① W카페 1주년 감사 할인

② 아메리카노(HOT, ICE 동일)

③ 3,500원(숫자에 엑스표를 넣어야 함) → 1,900원: 할인 금액은 변경 가능

④ 11:00~14:00에 한함: 손님이 가장 없는 시간대로 설정

> 5. 마케팅 전략
> ① 포인트제를 마케팅 수단으로 이용: 기입된 고객 정보로 어떻게 문자 발송을 할 수 있는지 포스 회사에 문의
> ② 포인트 적립률을 5% → 2%로 하향 조정
> ③ 쿠폰 도입: 포인트제는 유지하고 추가 도입. 10잔 구매 시 아메리카노 1잔 무료 등

일을 덜 해도 매출은 수직 상승

사장님은 하나씩 솔루션을 이행하셨습니다. 먼저 스케줄 관리 및 행동 지침을 이행하고, 배너와 쿠폰을 매장 디자인에 맞게 주문하셨죠. 그 결과는 대성공이었습니다. 1달 사이에 매출은 눈에 띄게 오르게 되었습니다.

"일주일 내내 일한 2월 달보다 일주일에 하루씩 쉰 3월 달의 매출이 더 높아요. 그리고 11:00~14:00시에는 손님들이 없는 시간이라 프로모션을 진행한 건데 이 3시간 동안 판매한 아메리카노가 이후 영업시간에 판매한 것과 같다니 정말 신기하네요!"

행복해 하시는 사장님을 보니 저도 참 즐거웠습니다. 저는 좀더 객관적으로 체크하기 위해 사장님께 방문시간을 말씀드리지 않고 매장을 방문했습니다. 저녁에 방문했는데 매장에 오래 있지는 못했습니다. 앉을 자리가 없었기 때문이었죠. 흐뭇했지만 이것이 다가 아니었습니다.

이 모든 과정들은 제대로 된 컨셉을 만들기 위한 밑거름이자 변화의 시작이었습니다.

이어 W카페 분위기와 이어지는 대표 메뉴를 추가하고 전체적인 메뉴 리뉴얼을 했습니다. 잘 팔리지 않는 것은 과감하게 빼고 대표 메뉴의 재료를 중심으로 재료 재고를 줄일 수 있도록 메뉴를 구성하셨습니다. 그러자 W카페만의 메뉴 구성이 만들어졌고 이는 곧 다른 카페와 차별되는 W카페의 컨셉으로 연결되었습니다. 그 결과 일 매출 40만 원이라는 목표를 성공할 수 있었습니다.

요즘은 장사에 뛰어드는 사람의 수가 늘어나는 만큼 소비자 역시 다양한 가게를 경험하며 상점을 보는 수준이 높아졌습니다. 그 결과는 과거처럼 단순한 하나의 컨셉만으로는 장사가 힘들게 되었습니다. 10년 전에 장사할 때는 '맛있다'면 인테리어는 필요 없었습니다. 혹은 화려한 인테리어 하나면 장사가 잘 될 수 있었죠. 하지만 지금은 다릅니다.

맛은 기본이고 분위기까지 좋아야 한다든지 '맛+분위기', 분위기에 이야기가 담겨 있어야 한다든지 '분위기+스토리'와 같이 정확한 2가지 이상의 특성이 결합이 되어야 설득력 있는 컨셉이 완성됩니다.

장사는 컨셉입니다. 요즘 고객의 감동과 관심을 이끌어 내는 것은 운 좋게 거저 얻을 수 있는 것이 절대 아닙니다. 100% 철저한 기획에 의해 컨셉을 만들어야만 성공적인 장사로 이어질 수 있습니다.

컨셉의 가장 쉬운 방법은 스토리텔링

줄서서 먹는 3층 마카롱 가게의 비밀

"애들아, 환영해 그리고 사랑해!"

어디선가 들리는 소리에 주위를 두리번거립니다. 근처 유치원이나 키즈카페에서 나는 소리 같지만 이는 건물 3층에 위치한 T마카롱 가게에서 나는 소리입니다.

건물의 어떤 상점도 문을 열기 전인 아침 7시. T마카롱이 분주합니다. 전날 들어온 주문대로 완성된 마카롱을 포장해 배송을 준비합니다. 배송 포장이 끝난 아침 10시. 본격적인 매장 오픈시간입니다. 온라인 주문은 그렇다 치고 사무실도 아닌 상점이 3층에 있는데 누가 올까 싶지만 매장 밖은 오픈 전부터 손님들이 줄을 서서 기다리고 있습니다.

어느 곳을 보아도 마카롱 장사가 잘 될 것 같은 위치는 아니었습니다. 같은 층인 3층에는 치과, 이비인후과, 한의원 등이 있었고 2층은 미장원, 학원 등이 있었습니다. 그나마 장점은 엘리베이터가 있어 힘 안들이고 찾아올 수 있다는 점뿐이었습니다. 그런데 줄을 서서 사가다니 이곳은 분명 다른 마카롱 가게와는 다른 이야기가 있을 것 같습니다.

"사장님, 어떻게 상가 3층에 마카롱 가게를 차리실 생각을 했어요? 저는 3층에 디저트 가게가 있는 것은 처음 봐요."

"그죠? 저도 3층에 있는 디저트 가게에 가본 적이 없어요. 사실 여기서 장사하기 전에는 SNS를 통해 주로 판매를 해서 매우 후미진 곳에 작업실이 있었어요. 업장 유지비가 싸고 장사도 꽤 잘됐었는데, 제조 업장만 있으니 재미가 없더라고요. 또 제가 아이가 있는데 후미진 작업실까지 걸어오게 하는 것이 마음에 걸렸어요. 그래서 가게 자리를 알아보기 위해 돌아다니는데, 와! 월세가 장난 아니더라고요. 마음에 드는 1층은 아무리 못해도 월세가 200만 원이더라고요. 마카롱 하나에 2,000원인데 계산이 안 나오더라고요."

"월세를 내려면 1,000개를 만들어야 한다니, 하루에 200개를 판매한다고 해도 일주일은 벌어야 겨우 월세를 낼 수 있는 거잖아요."

"그러니까요. 정말 터무니없더라고요. 그래서 고민을 하다 무리를 하기보다는 조금 안 보이는 곳에서 장사를 하되 소통을 할 수 있는 업장을 만들자고 한 것이 지금의 매장이에요."

T마카롱에 방문한 시각이 오후 2시가 안 되었는데 이미 모든 마카롱이 다 팔렸습니다. 그럼 지금부터 내일 팔 마카롱을 만드시는 건가, 퇴근을 하시는 건가 생각하던 차에 아이들 한 무리가 뛰어 들어왔습니다.

아이들은 익숙한 듯 한쪽에 놓인 작은 앞치마를 입고 손을 씻더니 테이블 앞에 섭니다.

"자, 오늘은 메론 마카롱을 만들 거예요."

어느새 선생님으로 변신한 사장님이 수업을 시작합니다.

스토리텔링을 마케팅에 대입하는 것은 생각보다 쉬운 일이 아닙니다. 많은 사장님들께서 스토리텔링에 대해 중요하게 여기지만 생각만큼 스토리텔링을 잘 이용하는 업장을 보기는 힘듭니다. 가게의 이야기를 만들어 가는 것은 많은 고민을 필요로 합니다.

스토리텔링이 어렵다는 분들께 제가 추천하는 방법은 갖고 있는 사업 아이템이나 기술에 스토리텔링의 특성인 '스토리', '희소성', '전통성', '비전', '교육성' 중 하나를 더하는 것입니다. 물 흐르듯이 자연스럽게 이야기가 이어지면 좋겠지만 이것이 힘들다면, 우선 자신의 기술과 앞의 5가지 스토리텔링의 특성 중 하나만을 끼워 넣어도 훌륭한 이야깃거리가 됩니다.

T마카롱 가게는 스토리텔링 5요소 중 교육성을 갖고 있었습니다. T마카롱 가게 주변에는 주택가와 학교 2곳이 있었지만 이렇다 할 체험 놀이 공간이나 학원이 없었습니다. 체험 학습을 중요시 하는 요즘, 마카롱을 만드는 장소는 학부모들에게 더할 나위 없는 교육의 장이된 것입니다. 많은 아이들은 T마카롱 가게의 수업을 들으러 방문하였고 아이와 함께 온 부모님 덕에 홍보를 하지 않고도 자연스럽게 입소문 홍보효과를 누릴 수 있었습니다. 그 결과 T마카롱은 매일 완판으로 5시 이전에

문을 닫는 맛집 매장으로 더욱 소문이 났고, 마카롱 클래스 운영으로 수업료 추가 매출은 물론 홍보비용을 아끼는 1석 3조의 이득을 보고 있었습니다.

2달마다 파티를 여는 베이커리

'아내분이랑 상그리아 한 잔 드시러 오세요.'

친분이 두터운 M베이커리 사장님의 문자에 먼 거리에도 불구하고 아내와 함께 방문하였습니다. M베이커리는 작은 마을에 위치하고 매장도 큰 편이 아니었지만 이미 많은 분들이 오셔서 파티를 즐기고 있었습니다.

M베이커리의 사장님은 전직 사진사라는 특이한 경력이 있습니다. 프랑스에서 청년 시절을 보내며 프랑스인인 지금의 아내분을 만나 결혼을 하게 되었죠. 그러면서 파티시에로 새로운 인생을 살게 되었습니다. 지금은 M베이커리의 오너이자 파티시에로 프랑스의 재료만을 사용하여 빵을 만드는 분입니다.

"사장님, 이 동네에는 소비도 좋지 않을뿐더러 먹는 수준도 높지 않아서 다소 비싼 M베이커리의 빵이 팔리기는 쉽지 않을 것 같았는데 어떻게 장사를 하고 계세요?"

"우선 내 장사 철학 중 첫 번째는 엄마의 마음으로 빵을 만들자는 것이었어요. 빵이야 여기 큰 길로 가면 프랜차이즈 빵집에서도 살 수 있고 편의점 가도 살 수 있어요. 하지만 그게 음식다운 음식일까요? 누가 만든지도, 먹는지도 서로 알지 못하는 그런 것이? 솔직히 제가 매번 빵 하나하나에 온전히 내 마음을 다 쏟는다고는 못해요. 하지만 적어도 우리 가게에 오시는 손님 한분 한분을 생각해 고민하며 음식을 만들어요. 우리 엄마처럼 말이죠."

"그럼 두 번째 철학은 뭐죠?"

"두 번째는 바로 마을의 전통을 만드는 가게가 되고 싶었어요. 그래서 정기적으로 오늘처럼 파티를 열고 오시는 모든 분들께 무료로 상그리아와 간단한 프랑스 다과를 제공하죠. 이런 파티가 좋은 홍보 수단이라고만 생각할 수 있지만 저는 조금 생각이 달라요. 이거는 단순한 마케팅을 떠나 동네 사람들과 소통하고 친분을 만들 수 있는 계기라고 생각해요. 그래서 저는 2달에 한 번씩 여는 이 파티를 제일 기다려요"

사장님과 이런 대화를 나누는 동안 아내는 사람들과 이야기를 나누고 음식을 즐기며 파티 분위기에 흠뻑 취해있었습니다. 돌아오는 길 아내가 들떠서 말합니다.

"다음에 여기 또 오자. 모든 상황이 마치 영화 속 한 장면 같아! 내가 영화 속 주인공이 된 것 같았어. 너무 좋아!"

M베이커리의 사장님이 여는 파티는 거창하게 가수를 초대한다거나 큰 경품을 내건 이벤트가 아니었습니다. 그저 오는 손님을 위해 즐거운 마음으로 정성껏 술을 만들고 간식을 준비해 대접하는 것이었습니다. 작은 파티지만 그 영향은 무시할 수 없습니다. 한 번이라도 이 파티

에 초대받은 사람은 그곳을 잊지 못했습니다. 파티의 즐거움은 좋은 추억이 되어 먼 거리를 즐거운 여행으로 느끼게 만든 것입니다. 작은 마을의 작은 베이커리지만 사장님이 자신만의 이야기로 손님과 성공적인 소통을 하게 된 것입니다.

스토리텔링은 듣는 이에게 재미있게 이야기를 전하는 것뿐만 아니라 감성과 가치까지 전해야 합니다. 그렇기에 스토리텔링은 단순히 돈을 잘 벌기 위한 전략이나 스킬이 아닌 사장님의 진심을 고객에게 전하고 가슴에 새기는 과정이라고 할 수 있습니다.

당장에 쓸 이야기가 없거나 전통이 없다 해서 좌절할 필요는 전혀 없습니다. 이제까지 열심히 살아온 시간들은 충분히 타인으로 하여금 감동을 끌어올 수 있고 가치 있는 이야기로 변신할 수 있습니다. 갖고 있는 진실한 가치와 이야기를 손님 앞에 내놓으세요. 손님은 분명 그 진심을 알아볼 겁니다. 그리고 이것이 성공의 첫 걸음이 될 것입니다.

컨셉은 알릴수록 힘이 세진다

반려견 사진이 레스토랑 매출로

경기도에 위치한 J업장은 작은 산 입구에 위치한 가든 형식의 레스토랑입니다. 이 레스토랑이 생기기 전에는 다른 업종의 매장이었지만 너무 외진 탓에 고객이 찾지 않아 문을 닫게 되었고 지금의 J업장이 들어서게 되었죠.

J업장의 1층은 감성적인 인테리어와 함께 스테이크, 파스타 등의 양식 식사를, 2층에서는 보드게임과 커피를 마실 수 있는 편안한 공간을 제공하고 있었습니다. 그리고 3층은 앞이 훤히 보이는 전망을 갖고 있었습니다. 또한 정원에는 반려견을 동행하여 식사 시간을 보낼 수 있도록 식탁과 천막이 있습니다. 특히 펜스, 잔디 등 여러 안전시설이 되어 있어 고객의 40%이상은 반려견과 동행할 정도로 이 지역 견주들에게 유명한 곳이 되었습니다.

"아메리카노 시키시면 30분정도 걸리는데 괜찮으신가요?"라고 말 할 정도로 잘나가는 이곳도 처음부터 장사가 잘 된 것은 아니었습니다. 어느 때보다 추운 겨울에 오픈을 하여 손님이 없어 문을 닫아야 할지 말아야 할지 고민했으며 장사가 되지 않으니 힘이 빠진 직원들은 그만두기 일쑤였습니다. 힘든 시기를 보냈던 J업장의 사장님은 승부를 보기 위해 여름을 맞아 본격적인 SNS 홍보를 시작했습니다. 그런데 레스토랑 광고에 신기하게도 음식 사진은 별로 없고 반려견 시설에 관한 내용으로 가득했습니다.

J업장 사장님은 반려견과 함께 식사하고 놀 수 있는 레스토랑을 컨셉으로 잡은 것입니다. 그 전략은 적중했고 특수한 컨셉을 따라 손님이 유입되기 시작했습니다. 이때를 놓치지 않고 여러 추가 홍보를 하자 더 많은 손님이 오게 되었습니다. 반려견이란 신의 한 수와 같은 컨셉 홍보 하나로 J업장은 기적적인 매출 상승을 이룰 수 있었습니다.

전복 다듬는 영상이 회 주문으로

노량진 수산시장의 잘나가는 수산물 가게의 E사장님은 오늘도 출근과 동시에 SNS를 통해 오늘의 수산물을 홍보합니다. 이 사장님 옆에는 회를 뜨기 위해 칼을 잡은 직원이 아닌 키보드를 잡은 직원이 있죠.

E사장님의 하루는 누구보다 빨리 시작됩니다. 새벽에 물건을 받고 SNS를 통해 주문된 수량을 소화하기 위해 직원 분들과 함께 회 뜨는 작업을 합니다. 최대한 신선한 회를 보내기 위해서죠. 아침 작업량이 끝나면 바로 택배를 발송하고 본격적으로 영업에 돌입하게 됩니다. SNS나

개인 주문을 통해 회 또는 횟감을 배송하는 것은 다른 업장에서도 하는 일이지만 E사장님의 영업 방법은 조금 다릅니다.

사장님이 싱싱한 전복을 골라 도마 위에 세팅을 하고 앉자, 맞은편에서 직원이 카메라를 세팅합니다. 그리고 전복 손질법에 대해 영상을 제작하기 시작합니다. E사장님은 이렇게 직접 방송을 찍어 SNS에 올리며 소비자들과 소통하고 자신의 이야기를 만들어 가고 있었습니다.

원래 이 가게의 주인은 E사장님의 부모님이었습니다. 처음에는 아들의 행동에 대해 탐탁지 않았다고 합니다. 힘들고 바쁠 때 가게 일을 도와줬으면 좋겠는데 카메라 앞에서만 시간을 보내는 모습에 원망스럽기까지 했다고 합니다. 한술 더 떠 직원과 함께 카메라를 들고 일본을 간다거나 지방에 내려가는 일도 잦았고 업장에 있을 때도 영상을 편집하거나 아이디어 회의를 한다며 코빼기도 비추지 않기 일쑤였습니다.

타박을 하던 부모님의 타박이 점점 줄어든 것은 매출이 달라지면서입니다. 처음 약 3개월 동안은 별 성과가 없었는데 6개월쯤 지나자 SNS를 통한 주문량이 많아지게 된 것입니다. 현재는 새로운 직원까지 더 두게 되었습니다.

그리고 부모님이 E사장님에게 고마워하는 것이 하나 더 있습니다. 바로 직업에 관한 것입니다. 전에는 수산시장에서 생선 파는 일을 다른 사람에게 잘 말하지 않으셨다고 합니다. 이게 돈은 많이 버는 일이라 해도 고된 직업이다 보니 사람들이 기피하는 경향이 있었기 때문이었습니다. 그런데 아들이 꼼꼼하게 일하는 영상을 찍어 올리면 댓글에 긍정적인 피드백이 쏟아졌고 덕분에 직업에 대한 만족도가 높아졌다고 합니다.

오늘도 E사장님은 SNS를 통하여 소비자에게 도움이 될 수 있는 수산물 시세 파악 차트를 만들고 회를 맛있게 먹는 방법을 소개함으로써 소비자들이 좀더 쉽게 수산물에 접근할 수 있도록 노력하고 있습니다.

같은 감성을 공유하는 손님

Q카페 사장님과 만나기로 한 날. 한가한 오전 시간에 찾은 카페. 사장님은 창쪽 테이블에서 허리를 이리 저리 숙이며 사진을 찍고 있었습니다. 유독 따뜻한 햇볕을 담기 위해서였죠. 여러 장의 사진을 찍더니 신중하게 가장 마음에 드는 것을 골라 자신의 SNS에 올립니다.

"왜 커피 사진이 아니라 햇볕 사진을 그렇게 열심히 찍으세요?"

"제 SNS 친구분들이 저의 이런 사진 감성을 좋아하거든요."

Q카페 사장님 SNS에는 정말 커피 사진보다 그날의 날씨와 풍경 사진이 대부분이었습니다. 댓글에 남겨진 이야기들도 대부분 이 사진들에 대한 내용이었죠.

"SNS를 가게 홍보용으로 사용하시는 줄 알았는데 그렇지 않으신가 봐요?"

"처음에는 홍보를 위해서 커피 사진도 많이 올렸는데 제가 금방 지치더라고요. 커피를 좋아하지만 이게 일이 되어 버리니 사진까지 찍고 싶진 않았어요. 오히려 풍경 사진을 찍으니 기분도 전환되고 즐겁더라고요. 그러다 욕심이 생겨서 전문적으로 풍경 사진을 찍는 공부를 했고 지금과 같은 좋은 사진들을 촬영할 수 있게 되었죠. 사진과 커피 모두 제가 좋아하는 일인데 좋아하는 것을 하며 시간도 보내고 돈도 벌 수 있으니 너무 좋아요."

사진 이야기를 하며 웃는 얼굴을 보니 사장님의 진심을 느낄 수 있었습니다.

"그럼 앞으로는 어떻게 SNS 활동을 이어가실 생각이신가요?"

"어찌 되었든 제가 좋아하는 사진 동호회는 계속 이어갈 생각이구요. 카페의 이야기를 글로 써볼 생각이에요. 저에 대한 이야기부터 시작해서 가게를 운영하며 드는 생각, 감정들 있잖아요. 그런 것을 진솔하게 써서 커피를 좋아하시는 분들과 소통해볼 생각이에요."

Q카페는 사장님의 SNS 사진을 보고 찾는 손님이 많습니다. 카페에서 사장님이 찍은 사진과 같은 곳에서 '인증샷'을 찍기도 하죠. 이는 해시태그를 통해 같은 감성을 가진 사람들과 널리널리 공유됩니다. 공짜 홍보가 되는 것이죠.

여러 수단을 통하여 홍보를 하는 것은 쉽지 않습니다. 여기에 컨셉을 더하는 것은 더욱 어렵죠. 하지만 단순 홍보가 아닌 스토리가 있는, 컨셉이 있는 업장의 홍보는 소비자들에게 매우 매력적으로 다가갑니다. 앞서 소개한 3가지의 사례 모두 이에 해당하는 것이죠.

레스토랑의 주 메뉴가 아닌 애견과 할 수 있는 편의시설을, 내가 파는 수산물 종류와 가격이 아닌 그 업종의 종사자만이 알 수 있는 관련 정보를, 커피 사진이 아닌 같은 취향을 가진 사람들과의 소통을 통해 충성도 높은 손님을 확보할 수 있었습니다.

장사 잘 되는 비결? 오직 컨셉뿐

"어떻게 해야 장사가 잘되죠? 비결이 뭔가요?"

사장님들을 만날 때면 장사 잘되는 '비결'이 무엇인지 꼭 묻습니다. 그때마다 저는 장사가 잘 되는 비결은 따로 없다, 손님이 원하는 것을 제공하면 된다고 말씀드립니다. 당연하고 간단한 대답 같지만 쉬운 일만은 아닙니다. 의외로 많은 사람들이 손님이 원하는 것과 자신(사장)이 원하는 것이 대립해 괴로워할 때가 많습니다. 우선 내가(사장) 만족스러워야 손님도 만족스럽다고 생각하고 그것만이 성공의 길이라 여기는 경우입니다. 과연 무엇이 맞는 것일까요?

손님은 무조건 옳다

A사장님은 외식업 선배이자 저의 단골집 사장님입니다. 오래전에 국밥을 먹으러 갔다가 우연히 사장님과 이야기를 나누게 되었고 그 이후로 계속 연락하며 지내게 된 사이죠.

"사장님 가게 또 내놓으셨다면서요? 장사 잘되는데 여신지 얼마나 되셨다고 넘기셔요. 전 어디서 밥 먹으라고."

"때 되면 떠나는 것이 순리 아니겠어?"

"사장님, 여기 오픈하신지 이제 1년 되셨잖아요. 장사도 잘되고 이제 좀 적응하셨을 텐데 다른 사람에게 넘기는 것이 아깝지 않으세요?"

"난 돈 벌기 위해서 사업하는 거지 요리하기 위해 사업하는 것은 아니야. 돈을 벌라면 권리금 받을 수 있을 때 많이 받고 나가야지. 지금이 매장을 떠나기 적정한 때라는 걸 알면서 왜 물어보나?"

"그럼 팔고 뭐 하실 거예요?"

"국밥집 해야지! 당연한 것을 왜 물어."

사업가로서는 지금이 매장을 판매할 최대의 적기라고 생각했지만, 내가 애써서 만든 업장을 타인에게 양도한다는 것 자체가 쉽지 않다고 생각되었습니다. 가게를 하나 오픈하기 위한 과정이 얼마나 힘들고 피곤한 일인지 잘 알았기에 더욱 이해가 가지 않았죠.

"과유불급이라는 말 알지? 내 생활신조가 과유불급이거든. 과한 것은 부족한 것보다 못하다는 뜻이지만 내 식으로 해석을 한다면 멈출 수 있을 때 멈추어야 하고, 물러나야 할 때를 알고 물러날 줄 알아야 한다는 뜻이지. 나는 좋아하는 일은 정말 물불 가리지 않고 그것 하나만 열심히 하거든. 그게 내 최고의 장점이라 볼 수 있지. 내가 좋아하는 것은 매장을 오픈하는 것이고, 장사를 해서 돈을 버는 거야. 그래서 업장을 오픈하고 팔고를 반복하며 돈을 버는 거지. 사실 나는 장기적인 안목이 부족해서 매장을 유지하기에는 부족해. 그래서 오픈만 하고 가게가 잘 될 수 있도록 만든 뒤 매장을 판매하는 거지. 이 매장을 필요로 하는 사람에게 말이야. 이게 내가 생각하는 장사이자 돈 버는 비결이라 생각해."

들어보니 A사장님이 매장을 오픈하고 가게를 파는 이유는 상당히 명쾌했습니다. 자기를 잘 파악하고 그것을 이용했던 것이었습니다.

"사장님, 그럼 장사를 초기에 잘 되게 하는 비결이 무엇인가요?"

"고객이 원하는 제품을 만들고, 고객이 원하는 홍보를 하고, 고객이 원하는 가격에 팔면 되는 거지."

"듣기에는 너무 쉬운데, 사실 그게 힘든 일이잖아요. 설명 좀 자세히 해주세요."

"우리 가게를 예로 들어볼게. 이 동네는 30년 동안 재개발 한 번 없는 동네야. 앞으로도 재개발은 없을 듯해. 그래서인지 다른 동네보다 노령화가 많이 진행되었지. 자, 저기 봐봐. 가게 앞 공원만 보더라도 점심시간인데 할아버지 할머니들이 60명은 앉아 있잖아? 그리고 업장 앞 빌딩의 2층부터 꼭대기까지 온갖 병원이 즐비해 있어. 바로 이런 모습들에서 이 구역이 얼마나 노령화가 진행되었는지 알 수 있지."

"와, 사장님 말이 맞네요. 저 건물은 1층부터 6층까지 다 각기 다른 병원이 있었네요."

"밥을 그렇게 먹으러 왔으면서 뭘 보고 다닌 거야? 지금 업장이 위치한 이 빌딩은 사람들이 주로 다니는 길가는 아니지만, 병원 주변에 위치해 있어서 나이 많으신 분들을 타깃으로 하기에는 안성맞춤이지. 업장을 오픈하기 전에 자리를 보러 다니다가 병원이 많은 자리 이곳저곳을 보다가 결정적으로 이 자리를 택하게 된 것은 저 업장 때문이지."

사장님이 가리킨 곳은 조금 아래쪽에 자리 잡은 또 다른 국밥집이었다.

"저기 국밥집이 왜요? 문제 있는 업장이에요?"

"아니. 저기는 너무 맛있는 국밥집이야. 하지만 가격이 비싸. 기본 국밥이 9,000원. 나이 많은 손님들이 택하기에는 조금 부담스러운 가격이라고 생각했지. 그래서 나는 노인이 타깃이면서 그 집보다 싼 6,000원짜리 국밥을 이 자리에서 팔아야겠다고 생각했어. 이게 내 성공 비결이야. 어쨌든 모든 것을 결정한건 내 자신이지만, 그 가운데에 있어 항상 고객의 눈으로 모든 것을 보려고 했지."

번개를 맞은 듯 그 동안 장사를 하며 겪었던 모든 시행착오들이 빠르게 스쳐지나갔습니다. 내 자신의 입장을 고려했을 뿐 고객의 입장에서 생각한 경우는 드물었기 때문이었죠.

손님이 없으면 장사도 없다

축산업계에서 일할 때였습니다. 채무가 있던 회사의 빚을 대부분 갚고 사장님과 의기투합을 해서 새롭게 시작하고자 회사를 만들게 되었습니다. 회사를 만들고 첫 번째로 했던 일은 바로 신제품을 출시했던 것이었습니다. 우리 회사만의 독보적인 신제품을 출시해보자며 사장님은 자신 있게 목살 끝부분을 집었습니다.

"이 부위는 국내산 목살 부위인데, 목살의 끝부분에 속하지만 기존의 목살 맛보다는 쫀득한 맛을 내는 것이 특징이야. 이 부위는 돼지 한 마리를 잡았을 때 얼마 나오지 않는 부위라 나름 희소성 있는 부위라고 말할 수 있지. 내가 이 부위를 싸게 갖고 올 테니, 네가 제품으로 만들어 팔아보자."

상품 구성을 끝내고 영업을 하기 위해 샘플을 들고 특수부위 고기 집을 찾았습니다.

"사장님, 저희 회사에서 신제품이 나와서 홍보 차 들렀는데 테스트 해보시겠습니까?"

사장님은 흔쾌히 허락했습니다. 그 사장님은 내가 고기 굽는 것을 유심히 보시더니 말씀하셨습니다.

"이거 옛날에는 목살 끝부분이라 잡육으로 취급했었던 고기군요. 고기가 쫄깃해서 맛있긴 하지만 특수부위라 하기에는 특성이 부족한 것 같아요."

첫술에 배부를 수는 없기 때문에 다른 업장으로 부지런히 발걸음을 돌렸습니다. 하지만 다른 곳에서도 반응은 이와 비슷했습니다.

'하아, 어쩌지? 만들어 놓긴 했는데 팔리진 않으니 미칠 노릇이네.'

살면서 처음 겪어보는 재고 걱정이었습니다. 호기롭게 회사를 차리고 상품을 기획해서 만들었는데, '고객'이라는 제일 중요한 타깃을 빼고 모든 일을 진행되었기에 나타난 결과였습니다. 결과적으로는 약 1톤에 달했던 물량을 1~2달 정도 꾸역꾸역 손해를 봐가며 팔게 되었고 큰 후회와 손해를 보게 되었습니다. 장사에 있어서 모든 행동의 중심은 손님, 즉 고객이 돼야 한다는 것을 다시금 느낀 계기였습니다.

장사의 시작은 나(사장)의 본질을 바로 손님이 원하는 컨셉을 기획하는 것으로부터 시작됩니다. 다시 말씀드리면 내가 어떠한 아이템으로 어떤 고객을 타깃으로 할지 정하는 것이 바로 자신의 정체성을 세팅하는 과정입니다.

또 장사에 있어서 전략적인 컨셉 설정은 낯설기만 합니다. 그러다보니 대부분 자신의 느낌만을 사용하게 됩니다. '저곳에 커피숍을 차리면 어떨까?' 혹은 '저 길목에 밥집이 있으면 대박 나겠는데?'라며 자신의 상상만으로 장사를 시작하게 된다면 바로 실패와 좌절을 겪게 될 것입니다. 지피지기 백전백승입니다. 손님을 알고 컨셉을 정하면 그 장사는 성공할 수밖에 없습니다.

향후 5년, 이렇게 해야 망하지 않는다

국내의 자영업자 수는 600만 명에 육박하고 이에 약 십분의 일인 60만 명의 사장님들은 외식업장을 운영하고 있습니다. 그 중 3년을 버티는 외식업계 종사자는 약 6만 명밖에 안된다고 하니 외식업장을 운영한다는 자체가 참 힘든 세상입니다. 그럼에도 많은 사람들이 외식업에 열광하는 이유는 바로 별다른 기술이 필요하지 않고 다른 업종에 비해 큰돈을 필요로 하지 않기 때문이죠. 누구나 쉽게 뛰어드는 외식업 창업에서 성공하는 방법은 다음과 같습니다.

판매 채널을 늘려라

향후 5년의 장사 성공 전략 중 첫 번째는 판매 채널을 늘리는 것입니다. 예를 들어 매장에서 식사만 제공하는 부대찌개 전문점을 한다면 동시에 방문포장, 배달 등의 판매 채널을 갖는 것입니다. 이렇게 한다면 창구가 두 개 더 생기는 것이고 이렇게 되면 1.5배 내지 2배의 영업 이익으로 늘어나게 됩니다. 배달만으로 운영되는 중화요리전문점의 경우에는 배달과 동시에 매장 식사와 방문 포장이 가능하도록 해야 합니다.

그렇다면 목이 좋지 않은 후미진 곳에 위치한 닭발 배달 업장을 한다면 어떨까요. 배달만을 위한 매장이어서 홀 판매가 여의치 않다면 다른 브랜드를 함께 런칭하면 됩니다. 예를 들어 닭발 배달점의 경우 소비자가 겹치는 혹은 재료가 겹치는 곱창, 도시락 등의 브랜드를 출시해 함께 배달을 함으로써 판매 창구를 최소 3개 이상으로 운영하는 것입니다.

고객 미팅이 있어 R족발 업장을 방문하게 되었습니다. R족발 사장님의 스케줄은 점심 특선용 수육을 삶으시는 것으로 시작됩니다. 그리고 점심 장사 후, 오후부터는 족발을 삶아 보쌈과 함께 홀 판매 및 배달 장사를 하셨습니다.

오랜만에 방문했더니 전에 없던 매콤한 냄새가 매장에 진동하였습니다. 이유를 여쭤보니 아구찜도 배달 판매하게 됐다는 것이었습니다. 매장에는 3대의 전화기가 있었습니다. 1번 전화기는 아구찜, 2번은 보쌈, 3번은 족발이었으니 전화 응대도 헷갈릴 염려도 없는 전문 브랜드였습니다. 판매 창구를 3개나 갖고 있어 직원들도 쉴 틈 없이 일을 하고 있었습니다.

이 광경을 보고 '장사를 이렇게 해야 돈을 버는 것이구나!'라는 생각이 저절로 들었습니다. 모두에게 시간은 똑같이 주어지고, 임대료나 인건비 또한 어차피 발생하는 비용이라면 보다 많은 수익을 올리기 위한 방법을 고안해야 하는 것입니다. 그 가장 첫 번째 방법이 바로 판매 창구를 늘리는 것입니다.

나를 하나의 브랜드로 만들어라

장사를 지속할 수 있는 방법 두 번째는 끌어당기는 장사를 하는 것입니다. 끌어당기는 장사란 내가 브랜드화가 되는 것을 의미합니다. 최근 길에서 흔히 찾아볼 수 있는 빽스비어, 빽다방, 새마을식당, 한신포차 등의 매장을 보면 단번에 생각나는 것이 있는데, 그것은 바로 백종원이라는 사람일 것입니다. 백종원 대표가 브랜드화 되었기 때문에 같은 조건에서 더욱 소비자들의 이목을 끌게 되는 것입니다.

나를 브랜드화 하는 방법은 여러 가지가 있겠지만 가장 손쉬운 방법 중 하나는 1인 미디어를 이용하는 것입니다. 많은 사람들이 1인 미디어를 하라고 하면 좋은 카메라를 사야하는 것은 아닌지, 아니면 거창한 방송장비를 구매해야 하는 것은 아닌지 생각합니다. 하지만 다 필요 없죠. 지금 손에 들고 있는 휴대폰을 이용하여 자신의 SNS 채널을 운영하면 됩니다.

물론 이 SNS를 운영하려면 컨셉이 필요하겠죠. 이 컨셉은 나의 사업 컨셉과 연결되는 것을 해도 좋고 이것이 부담스럽다면 나의 삶을 나눈다는 컨셉이여도 충분합니다. 각자의 삶은 다 다르니 충분히 다른 이와 차별점이 있습니다. 자신의 이야기를 하다보면 당연히 장사에 대한 이야기도 나올 것입니다. 또 자신만 가지고 있는 기술이 있다면 이를 공유해도 좋습니다. 우리의 목적은 나만의 마니아를 만들어 나라는 사람

자체를 브랜드화하는 것입니다.

E카페의 사장님은 커피를 내리는 시간보다 핸드폰을 하는 시간이 더 많아 보입니다. 그리고 커피머신 앞에 있는 것보다 노트북 앞에 있는 것이 더 익숙해 보입니다. 처음에 E커피집을 방문했을 때는 '이렇게 장사가 안 되는데 어떻게 매장을 운영할 수 있을까?'라는 생각을 했습니다. 그러나 이는 주제 넘는 걱정이었죠.

E커피 사장님은 10만 명이 넘는 팔로워를 가진 유튜브 스타였습니다. 영상 한 건당 최소 1만 건이 넘는 조회수를 기록해 이미 몇 년 전부터 유튜브에서 얻는 수익이 가게 수익을 넘었습니다. 그러니 핸드폰과 노트북 앞에서 많은 시간을 보냈던 것이었습니다.

"어떻게 유튜브를 시작하게 되셨나요?"

"저는 우리나라에 커피붐이 일어나기 수년 전부터 커피를 좋아했어요. 그러다보니 자연스럽게 외국 자료도 찾게 되었고 그러면서 일찌감치 유튜브라는 매체를 알게 되었죠. 여러 자료를 통해 각종 커피 만드는 법을 알게 되면 이를 나도 똑같이 다른 이들과 공유했어요. 그러면 사람들이 좋아하고 그러니까 더 열심히 찍어 올리고 그렇게 계속 하다 보니 지금까지 왔네요."

이렇게 SNS를 통해 사장님을 알게 된 분들은 심심치 않게 매장을 방문해 오프라인 매장 운영에도 큰 힘이 되고 있다고도 덧붙이셨습니다.

15초만 투자해 손님을 내편으로 만들어라

향후 5년의 장사 성공 전략의 마지막은 차별화된 MOT(Moment of Truth)입니다. 살면서 첫인상이 중요하다는 말을 참 많이 듣습니다. 첫인상이 좋으면 그 사람을 쉽게 신뢰하고 마음을 열죠. 하지만 첫인상이 안 좋으면 마음을 쉽게 열지 않아 접근 자체가 어렵습니다. MOT는 바로 이런 첫인상과 같습니다. 장사를 하며 고객과 판매자가 만나는 순간은 손님이 입점할 때, 주문할 때, 퇴점할 때 등으로 나눌 수 있습니다.

요식업계에서는 고객 감동과 추후 재방문은 MOT를 통하여 단 15초만에 판가름 난다고 말합니다. '음식을 먹는데 무슨 감동이야?'라고 반문하시는 분들도 계시겠지만, 이미 이를 위해 노력하시는 분들을 우리는 생활 속에서 많이 볼 수 있습니다.

"왜 이리 배달이 늦어?"

아내의 말이 끝나기가 무섭게 현관문을 두드리는 소리가 납니다.

"똑똑, 배달 왔습니다."

문이 열리자 배달 직원은 죄송하다는 말부터 건네며 음식을 전달했습니다. 덩달아 화가 나있었던 저는 음식을 받고 포장지를 열었습니다. 그런데 거기에 있는 작은 포스트잇을 보고 화가 금세 풀어지게 되었습니다.

'사랑하는 고객님~!!

배달이 조금 늦었죠? 죄송합니다!

비도 오고 금요일이라 주문량이 많아 늦어졌네요.

죄송한 마음에 정량보다 더 드리고 음료수도 넣었어요!

맛있게 드시고 좋은 하루 되세요~!'

정성스럽게 적인 한 장의 메모에 아내도 저도 금세 "비오는 금요일에 늦을 수도 있지!"라는 말을 내뱉었습니다. 배달 온 음식을 즐겁게 먹고 이후에도 아내는 A오돌뼈집의 충성고객이 되었습니다.

각종 매체를 보면 경제가 더 안 좋아질 것이라고 합니다. 신문을 볼 것도 없이 가까운 매장에 가면 알 수 있죠. 하루가 다르게 세상은 빠르게 바뀌고 있습니다. 그저 하루하루 열심히 사는 것으로 만족하실 수도 있고, 당장 힘든 현실 때문에 미래를 준비한다는 것이 엄두가 안 날 수도 있습니다.

하지만 미래의 나를 위해 향후 미래 계획을 짜고 자신만의 무기를 만드는 것은 장사를 위한 필수 전략인 동시에 생존과도 같습니다. 향후 5년의 장사 성공은 판매 채널 확대, 끌어당기기, MOT에 달려있습니다. 각 업장에 맞게 전략을 짜며 미래를 준비하신다면 지속 가능한 성장을 이뤄가실 것이라 확신합니다.

★ 창업 체크리스트

창업은 크게 대자본과 소자본으로 나뉘는데, 이는 자본금의 규모로 구분합니다. 개인이 진행하는 대부분의 창업은 소자본 창업에 속합니다. 아래는 소자본 창업의 장단점입니다.

장점	단점
투자금이 낮지만 고수익이 가능하다 진입장벽이 다소 낮다 임차 비용이 저렴하다 인력관리가 쉽다 재고관리가 쉽다 리스크가 적다	매출의 한계점이 뚜렷하다 사업 실패율이 낮다 대박을 기대하기 힘들다

① 다음은 소자본 창업의 체크리스트입니다.

목차	내용	체크
소자본 창업	환경에 맞는 정확한 컨셉(아이템)을 갖고 있는가?	
	외식업 트렌드를 파악하고 있는가?	
	빚을 내어 창업하고 있는가?	
	장기투자가 예상되는 아이템은 아닌가?	
	창업 준비금뿐만 아니라 운영자금을 확보하고 있는가?	

② 프랜차이즈 창업을 마음에 두고 계신 분들을 위한 체크리스트입니다.

목차	내용	체크
영세 프랜차이즈	본사 철수 시 업장 피해가 예상되는지 확인했는가?	
기획 프랜차이즈	반짝 기획 업체인지 확인했는가?	

프렌차이즈 창업	물류센터를 확인했는가? (시스템화 확인, 본사 직영 확인, 신선도 확인)	
	본사 및 물류센터에 대해 현장 방문을 했는가? (현장 견학 추천)	
	광고를 확인했는가? (본사의 마케팅 전략이 있는지 확인)	
	정보공개서를 확인했는가? (1년의 모든 활동을 확인 가능)	
	가맹본부가 정도 경영을 하는지 확인했는가? (영업지역 침해, 계약거래 거절 등)	

③ 상권이란 내 업장의 제품이 판매 가능한 범위를 말합니다. 내 업장을 이용할 수 있는 충분한 고객이 있는 지역이면서 외부의 인원 유입이 많다면 좋은 상권의 요건을 갖추었다 말할 수 있습니다. 상권은 창업에 아주 중요한 부분입니다. 반드시 분석하여 체크리스트를 작성해야 합니다.

목차	내용	체크
상권 반경	도심 및 인구 밀집 지역에 입점을 한다면 입점 위치에서 300~400m의 상권을 확인했는가?	
	차량 이동이 많은 지역에 입점을 한다면 입점 위치에서 500m~1km의 상권을 확인했는가?	
상권 밀도	주거 상권의 세대수를 체크했는가?	
	차량 유동 체크, 사람 유동 체크를 했는가?	
상권 내 접객 시설	상권 내 병원, 학교, 공장, 행정기관, 문화시설, 판매시설 등이 있는지 확인했는가?	
	만약 위 시설이 있다면 내부 유입 규모(자본 및 외부 유동인구)에 대해 알아보았는가?	
경쟁 점포 현황	입점 상권 내 업종별 경쟁점포를 체크했는가?	
	입점 상권 매출이 높은 점포와 낮은 점포를 파악했는가?	

④ 상권 분석에서도 가장 신경 써야 할 부분은 바로 유동인구 조사일 것입니다. 외식 유동인구 조사표를 공유하겠습니다. 유동인구 조사는 통상 적정 조사 지점을 정한 뒤 최소 주 4회(평일2, 주말2)를 총 2회에 걸쳐 조사를 해야 합니다. 그 뒤 철저한 분석 후 시장의 타당성을 정하고 사업 착수에 돌입함이 적절합니다.

구분	연령	10대		20대		30대		40대		50대	
	성별	남	여	남	여	남	여	남	여	남	여
11:30~14:00(평일)											
18:00~20:00(평일)											
계											
11:30~14:00(주말)											
18:00~20:00(주말)											
계											

20　년　월　일 날씨 :

⑤ 장사에서 목은 성공을 좌우합니다. 상권 분석만큼이나 중요한 사항으로 입지 분석은 다음 4가지로 정리할 수 있습니다.

목차	내용	체크
가시성	점포의 간판 및 가시성이 다른 간판, 조형물에 가리지는 않는가?	
	예비 업장의 가시성에 대해 권리금, 보증금, 임대료는 적정한가?	
접근성	고객의 방문을 좌우하는 도보 근접, 주차장 여부는 확인했는가?	
	2층 이상일 경우 다양한 요소(계단, 엘리베이터)를 확인했는가?	
인지성	예비 업장의 근처에 대표 건물이 있는가?(병원, 행정기관 등)	
입지성	특정 업종만 가능한 위치인지 확인했는가?(추후 업장 매매 대비)	

2장

죽어가는 매장도
살리는 6가지 방법

1일 매출 5만 원_전문가가 되자

이랜드 외식사업부에서 퇴사한 후에 한 작은 카페를 맡아 운영하게 되었습니다. 이 카페는 특이하게 일요일에는 가게 문을 닫고 카페를 교회의 예배장소로 운영하고 있었습니다. 같은 종교를 갖고 있어서인지 거부감이 들지 않아 카페의 운영 방침에 동의하였습니다.

입사 첫날은 추운 겨울이었습니다. 바리스타가 아니었던 저는 정신없이 메뉴 레시피를 배우고 연습하다 퇴근 시간을 맞았습니다. 그리고 하루 매출을 정리하는데 48,000원이었습니다. 역 앞에 위치해 목이 좋아 월세가 200만 원이나 되는 곳이었습니다.

그날 퇴근 후 차 안에서 얼마나 울었는지 모릅니다. '괜히 작은 매장에서 시작했나?'라는 후회와 이 상황을 해결할 수 없을 것이라는 막연한 두려움이 제 마음을 괴롭게 했습니다. 하지만 마음을 추스르고 현재의 상황을 정리하고 파악해 매장을 살릴 계획을 짰습니다.

현재 상태를 분석하라

계획을 짜기 전 중요한 것은 현 매장의 장단점을 분석하는 것이었습니다. 일단 이 카페는 월요일부터 토요일까지 운영하고 일요일은 교회로 운영한다는 핸디캡을 갖고 있습니다. 이는 손님이 제일 많은 일요일을 포기한 것이죠. 운영시간은 아침 7시부터 저녁 10시 30분까지이었습니다.

이 카페의 프로모션은 유일하게 아침 7시부터 9시까지 얼리버드 커피를 판매한다는 것이었습니다. 얼리버드 커피란 출근하는 직장인들을 위해 준비하는 부담 없는 가격의 커피입니다. 타 커피숍은 대부분 20~30%정도 단가를 떨어뜨려 파는데, 우리 카페는 3,800원의 아메리카노를 1,000원에 판매했으니 정말 파격적인 마케팅이었습니다. 얼리버드부터 12시까지 오전 시간을 사장님이 맡고 저는 11시에서 12시 사이에 출근하여 마감까지 매장 운영을 맡았습니다.

이 카페의 특색은 직접 로스팅을 한다는 것입니다. 원가율을 절감하고 신선한 커피를 제공할 수 있었고, 당시 근처 커피숍에서는 흔치 않은 로스팅 업장이라는 것이 매장의 유일한 강점이라고 볼 수 있었습니다. 이렇게 매장의 분석을 마치자 5가지 계획이 나왔습니다.

매장을 지배하는 5가지 법칙

계획의 첫 번째는 '전문가가 되자'입니다. 이제까지 나는 요리나 매장관리와 경영을 했지 바리스타는 아니었습니다. 그래서 전문가가 되기 위해 제일 먼저 해야 했던 것은 자존심 버리기였습니다. 제가 과거에 매달 매출 1억의 점장이었든, 직원 20~30명을 거느리는 사람이었든, 업장을 갖고 있었던 사장이었든 간에 그것은 과거의 일일 뿐이었습니다. 현재의 상황을 정확히 인지하고 인정함과 동시에 초심으로 돌아가 빠르게 기술을 습득하는 것이 중요했습니다.

두 번째는 '내 매장 만들기'였습니다. 내 매장을 만든다는 것은 나의 스토리를 매장에 담는다는 것입니다. 나의 스토리를 담기 위해서는 매장의 여러 상황이 뒷받침되어야 합니다. 인테리어부터 매장 청소 상태, 위생 상태, 매장 직원의 옷매무새까지 신경 쓸 것이 정말 많습니다.

여기서 포인트는 무엇을 먼저 해야 될지 모를 때에는 우선 매장 청소부터 시작하는 것입니다. 새로운 마음을 갖고 시작할 때는 청소만큼 좋은 것이 없습니다. 이 카페는 한번 폐업했던 적이 있는 곳이었는데, 폐업한 사업장을 리뉴얼 하지 않고 그대로 인수해 묵은 때가 많았습니다. 전 사업장의 컵홀더도 그대로 쓰고 있는 등 매장의 관리 상태는 더 이상 말할 필요가 없었습니다.

청소부터 인테리어까지 매장을 재정비하기 시작했고 내 매장으로 만들기까지 약 1달의 시간이 걸렸습니다. 손님이 오는 피크타임을 피해 주기적으로 청소하고, 창고를 정리하고 돈이 들지 않는 부분에 인테리어를 재배치하여 손님들에게 '내가 왔다'라는 것을 은연중에 알렸습니다.

세 번째는 '업무 최적화'였습니다. '내 매장으로 만들기'와 '업무 최적화'가 비슷하게 들릴 수 있지만 엄연히 다릅니다. '업무 최적화'는 매출을 올리기 위해 가장 중요한 작업입니다. 짚어 말하면 내 매장 만들기는 내 이야기를 담고자 하는 작업이고 업무 최적화는 많이 팔기 위한 작업인 셈입니다.

5만 원 파는 매장에 지금 당장 손님이 몰려와도 50만 원어치를 팔 수 없습니다. 감당을 할 수 없기 때문이죠. 모든 자재의 위치를 재배치하고, 동선을 최적화해서 몇 명의 손님이 오든지 쉽고 간편하게 식음료를 제공할 수 있어야 합니다.

카페를 혼자 운영하는 사장님들과 이야기를 하면 피크타임을 두려워하시는 분들이 많습니다. 제일 돈이 되는 시간이고 손님들을 많이 맞이할 시간이지만 몇 명이 들이닥칠지 몰라 두려운데 재정적인 압박에 아르바이트생을 쓰지 못하는 경우가 많기 때문이죠. 누구보다 그 심정을 이해합니다. 하지만 업무 최적화가 된다면 그 걱정은 한순간에 해결됩니다. 업무 최적화는 모든 외식업장에 동일하게 해당하는 중요 사항이고, 재고관리에도 엄청난 편리함을 가져다준다는 것이 포인트입니다.

네 번째는 '스토리 담는 작업'입니다. 내 매장이 되었고 많이 팔 준비가 되었다면 바로 시작해야 할 것은 그 공간에 '나'를 심는 것입니다. "마케팅이 먼저 아닌가요?"라고 반문하는 분들이 많습니다. 하지만 손님이 방문하지 않거나 재방문 하지 않는 이유는 그 공간에서 말하고자 하는 이야기가 없어서입니다.

잘되는 카페나 음식점에는 그만한 이유가 있습니다. 지금 당장 업장 밖을 나가서 곳곳에 걸린 간판을 보면 바로 답이 나옵니다. '원할머니 보쌈', '삼대째손두부' 등 많은 브랜드들이 자신들의 이야기를 담고 있습니다. 뿐만 아니라 실제 매장에 들어가 보면 어떻게 가게를 시작하게 되었고 지금 몇 대째 운영하고 있으며, 맛을 위하여 어떤 노력을 하고 있는지 소개하고 있습니다.

그렇다고 거짓말이라도 해서 이야기를 만들라는 것은 아닙니다. 절대 부담가질 필요도 없습니다. 당장에 쓸 이야기가 없어도 좋습니다. '스토리'의 중요성을 인식하고, 자신의 이야기부터 써내려가는 것이 필요합니다. 그러다 보면 자연스럽게 '내 이야기'가 만들어지고 그 이야기를 매장에 접목시킬 수 있을 것입니다.

마지막은 이 모든 과정들을 '기록으로 남기기'입니다. 다섯 번째에 대해 말하기 전에, 이 모든 계획을 세운 것은 내가 처음 매장을 접하고 특히나 이제껏 일했던 분야와는 다른 일을 시작했기 때문이었습니다. 앞서 소개한 4가지 방법은 빠르게 매장에 정착하고 매출을 증대시키기 위해 준비하는 스타트스킬(Start Skill)입니다. 이렇게 자신에게 맞는 스타트스킬을 찾았다면 마지막으로 이 모든 과정들을 기록하는 것입니다.

이럴 때 가장 좋은 수단은 '일기'입니다. 당시의 자신의 생각과 감정, 시행착오를 기록하며 더 좋은 에너지를 만들 수 있습니다. 일기가 싫다면 '업무 보고서'도 좋습니다. 어찌되었든 하루하루 자신이 한 일에 대해 기록하고 느낀 바를 적는 것이 이 단계의 목적입니다. 이렇게 기록하는 것이 습관이 된다면 비슷한 상황이 생겼을 때 기록물을 찾아 쉽게 문제를 해결할 수도 있고, 무엇보다 이 매장의 역사와 자신의 장사 이야기가 훌륭히 만들어져 있을 것입니다.

이 계획을 통해 얼마나 빨리 대박이 났냐고 묻는 분들이 많습니다. 그럼 저는 "6개월 걸렸습니다."라고 말합니다. 하루아침에 매출 5만 원에서 50만 원으로 만든다는 것은 불가능에 가깝습니다. 이게 가능하면 모든 사람들이 장사를 했겠죠.

하루아침은 아니지만 이 책을 다 읽고 6개월이 지났을 때 확연히 증가한 매출을 통장을 통해 볼 수 있을 겁니다. 6개월은 길다고 생각하면 길고 짧다고 생각하면 정말 짧은 시간이 될 수 있습니다. 이 시간 동안 목표를 의심하며 괴롭게 보낸다면 도달하기도 전에 포기할지 모릅니다. 대신 '나는 마라톤을 하고 있다'고 생각해보기 바랍니다. 혹시 내가 내일 또 매출 5만 원뿐이라도 이는 내가 매출 50만 원을 달성하기 위한 과정일 뿐이라고 자신에게 선언해야 합니다.

저의 첫날 매출은 48,000원이었습니다. 차라리 몇 시간을 파트타임으로 일한다면 더 벌 수 있었을 매출액입니다. 하지만 계획을 세우고 스스로 다짐하고 기록하며 매출을 50만 원으로 변화시켰습니다. 여러분도 충분히 할 수 있습니다. 목표한 매출 금액을 넘어서는 그날을 위해, 그리고 그 이후의 삶을 위해 여러분의 노력을 응원합니다.

무조건 배운다_내 매장 만들기

전문가가 되기 위해 커피에 대한 공부와 연습을 하여 어느 정도 실력을 쌓았고, 업무 최적화를 통하여 최고의 동선과 최적의 매장 컨디션을 만들게 되었습니다. 모든 일들이 조금씩 윤곽이 잡혀갈 때 즈음 겨울이 가고 제법 초록빛의 새싹들이 자라기 시작했습니다. 나는 손님이 앉을 테이블에 앉아 '내가 과연 손님이라면 이곳에 커피를 마시러 올 것인가?'라는 고민을 하기 시작했습니다.

'우리 카페의 위치는 ○○포구라는 역 앞에 위치해 있다. ○○포구 특성상 주말에는 손님이 붐비지만, 평일에는 정말 개미 한 마리도 보이지 않는다. 행인이 뜸한 평일 이 거리를 다니는 사람은 대부분 중년이거나, 사업을 하는 사람들이다. 이들을 손님으로 유입하려면 어떻게 해야 할까?'

생각의 끝은 가격에 닿았습니다. 우리 카페의 아메리카노 커피는 얼리버드일 때는 1,000원이었지만, 9시 이후에는 3,800원이었습니다. 아무리 고급 커피라 하더라도 당시 3,800원은 싸지 않은 가격이었죠. 하지만 무턱대고 가격을 낮출 수는 없었습니다. 이 카페는 로스팅 커피 전문점으로 가격 때문에 커피에 대한 퀄리티와 정체성을 포기할 수 없었기 때문이죠. 고민 끝에 지금의 식음료 메뉴 체계는 유지하되 매장만의 신 메뉴를 만들기로 하였습니다.

업장 밖에서 지나가는 사람들을 카운팅 했습니다. 며칠 동안 진행한 결과 주 고객층을 중년의 손님, 특히 중년 여성으로 잡았습니다. 그리고 그들이 좋아할 좀더 폭넓고 가성비가 좋은 음료를 만들어보자 결심을 했죠.

커피 전문점에서 꽃차를 피우다

여러 고민 끝에 제가 결정한 것은 '꽃차'를 만드는 것이었습니다. 어머니가 꽃을 좋아하셨던 것처럼 대부분 중년 여성분들은 꽃을 사랑할 것이라 판단했고, 더 나아가 꽃이라면 여성분들 대부분이 호감과 관심을 가질 것이라고 생각했습니다.

저는 당장 꽃차를 만들어 창업까지 가능할 수 있도록 교육해주는 평생교육원을 찾아 등록했습니다. 아침 8시30분에 시작하여 11시까지 강의를 들은 후 12시부터 밤 10시까지 일하는 강행군이 약 3개월 동안 계속 되었습니다.

배우는 동안 많이 지치기도 했습니다. 하지만 하루하루 나의 결과물에 감동을 할 수 있었던 이유는 매일 배워 만든 꽃차를 바로 판매할 수 있었기 때문이었습니다. 배우면서 지식이 쌓였고 바로 고객에게 판매까지 되었으니 교육, 생산, 판매라는 3박자가 딱 맞아 떨어지면서 카페에는 더욱 많은 이야기를 담을 수 있었습니다.

'꽃차 팝니다.
프리미엄 수제 꽃차
제가 직접 덖어 만든
지리산과 한라산의 꽃차입니다.'

카페 앞에 칠판형 입간판을 직접 만들어 수제 꽃차를 홍보하기 시작했습니다. 바로 배워서 팔았기에 손님들에게 정성껏 설명해드릴 수 있었습니다. 또 꽃차에 대한 스토리북도 제작하여 손님들이 볼 수 있도록 비치했습니다. 결과는 당연히 대성공이었습니다.

꽃차가 성공할 수밖에 없었던 이유는 첫 번째로 정확한 타깃을 정하고 메뉴를 개발했기 때문이었습니다. 타깃이 확실치 않으면 제품의 선정도 어려워지는 법인데, 타깃을 명확히 하니 메뉴 선정도 한결 쉬웠던 것이었습니다.

두 번째는 시각적 홍보 덕분이었습니다. 사람들이 꽃차를 찾는 이유는 그윽한 향 때문이기도 하지만 보는 재미가 있기 때문입니다. 그래서 투명 주전자를 구비하여 꽃차가 아름답게 우러나는 과정을 볼 수 있도록 했습니다. 또 아름다운 색의 꽃차를 매장 인테리어와 잘 어울릴 만한 곳에 붙였습니다. 공중에 형형색색의 아름다운 꽃들이 떠 있어 보이게끔 만들어 메뉴와 인테리어를 연결한 것이죠. 따로 생화가 필요 없을 정도로 멋진 인테리어가 되어 손님들도 이를 보고 사진을 찍는 등 홍보에도 도움이 되었습니다.

세 번째로 꽃차가 성공할 수 있었던 이유는 좋은 가성비였습니다. 카페에서 파는 가장 싼 커피 가격이 3,800원인 것에 비해 꽃차는 5,000원이었습니다. 가격은 비쌌지만 주전자에 제공되기 때문에 2~3명에서 즐길 수 있어 고객들이 만족했습니다. 사실 꽃차로 인해 매장의 객 단가는 떨어졌지만 충성고객을 확보할 수 있어 결론적으로는 실보다는 득이 많았습니다.

디저트 개발로 매출 상승

꽃차는 성공적이었습니다. 매출에도 어느 정도 기여했고, 신선한 이미지로 매장을 환기시키기에 충분했습니다. 이제 정말 중요한 타이밍이 왔습니다. 꽃차를 하는 순간부터 저는 그 다음 스텝에 대해서 많이 고민했습니다. 장사를 하고 계신 분들이라면 항상 1을 준비하면서 2까지 생각해야 한다는 것을 알고 계실 것입니다. 이것은 오너의 숙명이죠. '1을 준비하며 2를 생각하라'는 것은 말처럼 쉽지 않습니다. 하지만 고인 물은 썩을 수밖에 없듯 계속 새로운 것을 도전하는 것이 사업 그 자체라고 감히 말씀드립니다.

여름을 맞아 다음 스텝을 구상하였습니다. 요리사의 경력을 살려 디저트를 만들면 좋겠다는 생각이 들었습니다. 우선 커피와 잘 맞는 디저트에 대해 생각해보기 시작했습니다. 여러 아이템을 보던 중 궁합으로 봤을 때 마카롱과 초콜릿이 적당하겠다는 생각을 하게 되었습니다. 하지만 제가 아무리 요리사였고 음식 만드는 것을 좋아한다 하더라도 마카롱을 단시간에 배워 만들기에는 역부족이었습니다. 또 주방도 비좁아 직접 만들기에는 무리라고 판단을 했습니다. 그래서 바로 요식업계에서 일하는 선배에게 전화했습니다.

"선배님, 제과점에서 마카롱 만들죠? 제가 매장에서 쓰고 싶은데, 샘플 좀 보내주실 수 있나요?"

당시 마카롱은 지금처럼 유행하기 전이라 나름 색다른 시도였습니다. 게다가 맛도 좋고, 예상대로 커피와도 궁합이 좋았습니다. 알록달록한 색이 쇼케이스 구색에도 잘 맞는 아이템이었습니다.

다음으로 초콜릿을 어떻게 해야 맛있고 특색 있게 만들 수 있을까 고민을 하던 중 이번에는 카페의 사장님께서 "커피콩과 초콜릿을 결합해보자"라는 아이디어를 냈습니다. 로스팅한 커피콩을 통으로 씹어 먹으면 고소한 맛이 납니다. 여기에 초콜릿을 섞어 만들기로 했습니다. 여러 종류의 콩을 실험한 결과 콜롬비아 원두가 초콜릿과 잘 맞는다고 판단했고 바로 초콜릿을 사 초콜릿 콩을 만들기 시작했습니다.

처음 매출이 적었을 때에는 이 작업을 3~4일에 한 번만 해도 되었지만, 매출이 꽤 높아졌을 때에는 매일 만들어야 하는 주요 판매 품목이 됐습니다. 정성껏 만든 초콜릿 콩을 에스프레소 접시에 담아 커피를 시킨 손님께 서비스로 2알씩 드렸습니다. 크기도 작고 개수도 많지 않았지만 서비스를 드리며 나름의 '정성'을 담을 수 있었습니다. 초콜릿만 드시고 커피콩을 뱉는 손님도 계셨지만 90%이상은 거의 다 만족하며 좋아하셨고, 20알씩 포장한 상품을 사가기도 했죠.

사장은 그 업장의 선장입니다. 비전을 가지고 늘 앞으로 항해해야 합니다. 모르는 길은 지도를 보며 찾아가고 암초를 피하듯 모르는 것이 있으면 새롭게 배우며 업장이 발전할 수 있도록 이끌어야 합니다.

저는 이런 마음으로 꽃차와 디저트 메뉴를 개발했습니다. 어떤 이는 이런 저의 이야기를 읽고 영감을 얻었을 수도 있고 나도 해봤지만 소용없었다고 할 수도 있습니다. 배운다는 것 자체가 금전, 시간과 에너지의 투자가 필요해 피곤한 일입니다. 하지만 고객은 늘 새로운 것을 좋아합니다. 그리고 이 매장의 사장이 비전은 갖고 도전을 한다는 것을 매우 빨리 알아챕니다. 단 15초면 되죠. 그 15초라는 시간을 책임져줄 것이 바로 '배움'입니다. 모든 사장님들이 포기하지 않고 모르는 것은 배우고 배운 것은 꾸준히 실천하시길 바랍니다. 배워놓으면 결국 다 도움이 된다는 것을 믿으시길 바랍니다.

사장의 시간관리로 매출이 달라진다_업무 최적화

　평소 카페 사장님들을 많이 만나는 편인데 그중 열이면 열 명의 사장님들이 어려움을 호소하는 것이 카페 안에서 보내는 시간이 너무 힘들고, 지겹다는 것이었습니다. 이는 사장님부터 아르바이트생까지 겪는 일입니다. 한 자리에서 계속 앉아 일하는 사무직 직원들도 짧게는 8시간 길게는 10시간이 넘게 일을 합니다. 요식업 식당의 오너들도 비슷한 생활 패턴을 갖고 있죠. 하지만 유독 카페에서 일하시는 분들은 근무시간에 대해 힘들어 하는 이유는 무엇일까요? 저는 이것이 문제라고 지적하고자 하는 것이 아닙니다. 지금 이 순간 독자분들의 모든 어려움과 시행착오를 잠시 내려놓고 제 이야기를 통해 시간에 대한 답을 얻으셨으면 좋겠습니다.

팥에서 떡까지 직접 만든 팥빙수

　디저트와 꽃차가 카페에서 자리 잡을 즈음 여름을 알리는 매미소리가 시작되었습니다. 저는 직감적으로 다음 스텝을 어떻게 정할 것이며, 물이 오른 분위기와 매출을 어떻게 이어갈 것인지 고민했습니다. '여름에 잘 어울리는 카페 메뉴라면…!' 맞습니다. 지금 읽고 계신 독자분들이 떠올린 그것, '빙수'를 저도 떠올렸습니다.

'그래, 빙수! 나만의 시그니처 빙수를 만들어 보는 거야!'

이번에는 비교적 진행이 쉬웠습니다. 저는 바리스타 이전에 한식 요리사였기 때문에 우리나라 전통 디저트 중 하나인 빙수 정도야 쉽게 만들 수 있다고 생각했죠.

제가 첫 번째로 생각했던 것은 누구든지 안심할 수 있는 음식을 만들자는 것이었습니다. 충남 논산에 사시는 큰 이모께 전화를 했습니다.

"이모, 저 빙수 팔게 팥이랑 콩 좀 보내주세요!"

팥과 콩이 배달될 동안 저는 빙수를 담을 그릇에 대해 생각했습니다. 전통 디저트라는 컨셉에 맞게 '옹기'를 써보기로 했습니다. 옹기는 숨을 쉬는 그릇이기에 다른 빙수 그릇과 다르게 결로 현상이 적었습니다. 게다가 고가의 그릇이 아니라 비용도 부담되지 않았죠. 그릇을 사고 시골에서 도착한 서리태를 방앗간에 맡겼습니다.

문제는 팥이었습니다. 단팥을 만들려면 카페에서 오랫동안 조리를 해야 하는데 이 모습을 손님들이 어떻게 받아들일지 고민이었습니다. 그래도 일단 한 번 해보자라는 마음으로 팥을 조리했습니다.

"와, 여긴 팥도 직접 조리시나 봐요. 메뉴 개시하면 꼭 올게요."

걱정과 달리 홍보효과를 톡톡히 했습니다. 팥을 조리는 과정이 덥기도 하고 편히 쉬지 못해서 힘들기도 했습니다. 피크타임 이후 쉬는 시간에도 계속 일을 해야 했죠. 하지만 기대가 된다는 손님들의 응원에 즐거웠습니다. 팥을 조리는 중간중간 빙수에 들어가는 떡도 직접 만들 었습니다. 카페에 있었던 밥솥을 이용하여 떡을 만들고, 굳히고 잘라서 얼리는 작업을 진행했습니다. 이렇게 하나하나 정성껏 준비하자 화려 한 부재료가 없어도 깊게 그 맛을 느낄 수 있었습니다.

옹기빙수를 개시했습니다. 꽃차가 적혀있던 게시판에 옹기빙수가 적혔습니다. 결과는 대성공이었습니다. 다른 가게보다 빙수를 한 달이나 먼저 시작했지만 더위가 일찍 찾아온 탓에 빙수를 찾는 손님이 예상보 다 더 많았습니다.

메뉴를 개시하고 한 가족이 일주일에 두 번씩 옹기빙수를 드시러 오 셨습니다.

"손님, 이번 주에 벌써 3번이나 오셨어요. 혹시 맛있어서 오시는 건가 요?"

사실 맛은 어느 정도 자신이 있었지만 유명 빙수 브랜드의 빙수와 같 이 강력한 맛은 아니었기 때문에 손님의 잦은 방문이 궁금했습니다.

"아이가 아토피가 있어서 가공 식품을 먹으면 피부가 빨갛게 올라와 요. 그런데 여기는 직접 빙수의 재료들을 만드시고 원산지도 써놓으니 안심할 수 있고 아이 피부에도 문제가 없어서 계속 오는 거예요."

뜻밖의 대답에 망치로 머리를 한 대 얻어맞은 느낌이었습니다. 단순 하게 컨셉으로만 생각하며 옹기빙수를 만들었고 할 수 있는 것이라 직 접 조리했던 것인데, 이 모습을 본 손님들은 제품을 믿고 매주 2~3번씩 오셨던 것입니다. 감사한 마음 뒤에는 '아. 장사라는 게 무섭다.'라는 생각을 처음 했습니다. 누구에게는 사소한 디저트일 뿐이지만, 다른 누구에게는 건강에 큰 영향을 끼칠 수 있는 소중한 음식이었기 때문입니다.

옹기빙수 이야기를 독자분들께 해드린 진정한 이유는 '단순히 이렇게 만들었더니 성공했더라'가 아닌 '이렇게 시간을 보냈더니 성공이 오더라'라는 말을 하고 싶었기 때문입니다.

카페 운영을 할 당시 해야 하는 일도 많았고, 하고 싶은 일이 많았기에 쉬지 않고 몸을 움직였습니다. 시간이 모자랄 지경이었죠. 마감을 하며 오늘 하루도 얼마나 알차게 움직였는지 되짚어 보며 뿌듯했습니다.

그렇지만 카페에서 오로지 손님을 기다리며 시간을 보낸 날은 다른 많은 사장님들처럼 저에게도 너무도 힘든 하루였습니다. 이렇게 꼼짝 없이 앉아 있는 것이 괴로워 무엇이든 할 것을 만들어 움직여야겠다고 생각하게 된 것입니다. 철마다 새로운 아이디어를 준비하고 실행하며 시간관리를 했었습니다. 카페 오너로서 시간을 효율적으로 사용하는 방법은 철저한 시간관리에 달려 있다고 생각합니다. 제가 시간관리를 했던 방법에 대해 공유합니다.

엉덩이를 가볍게, 무조건 움직여라

음식점에서는 피크타임 이후 재료 손질과 휴식 등으로 시간을 보냅니다. 사실상 음식점은 매우 빠듯한 일정을 보냅니다. 그에 비해 식음료 업장(커피숍)은 대기 시간이 길죠. 그래서 난감해 하는 사장님들이 많습니다. 아래의 음식점과 식음료업장의 일정표를 비교하며 어떻게 하면 시간을 효율적으로 쓸 수 있을지 알아보겠습니다.

시간	음식점	식음료 업장	제 경험
09:00~10:00	오픈 준비		오픈 준비
10:00~11:00		오픈 준비	SNS 홍보
11:00~12:00	피크타임	대기	신메뉴 개발
12:00~13:00			사업구상 및 계획
13:00~14:00			
14:00~15:00	정리 및 재료 손질	피크타임	피크타임
15:00~16:00	휴식		
16:00~17:00	저녁 피크 준비	대기	매장관리
17:00~18:00			인터넷 홍보
18:00~19:00	피크타임		독서
19:00~20:00			
20:00~21:00	마감 준비	피크타임	피크타임
21:00~22:00	마감		
22:00~23:00		마감	마감

모든 매장이 똑같지는 않지만 제가 경험했던 대다수의 매장들은 이런 스케줄을 뼈대로 하여 운영되었습니다. 음식점의 경우에는 수학 문제를 풀 듯 스케줄이 매우 명확함을 알 수 있습니다. 아침에는 점심 피크를 준비하고 점심에 손님들을 받은 뒤 뒷정리를 하고 잠시 휴식 후

저녁 피크를 준비합니다. 그리고 저녁 피크를 보낸 후 퇴근 전에 마감 청소를 하는 것으로 하루를 마칩니다. 특별한 이벤트가 아니라면 항상 비슷한 일상을 보낸다고 보시면 됩니다. 하지만 식음료 업장의 경우에는 사정이 많이 다릅니다. 확실한 휴식시간이 존재하지 않고 피크타임이 아니어도 손님을 기다리며 대기하는 것이 식음료 업장의 가장 큰 고충인 것입니다. 성공에 있어서 가장 기본이 되는 것은 바로 오너로서의 시간관리입니다.

제가 사용한 '긍정적인 시간관리 4단계'의 첫 번째는 무조건 매장에 집중하는 시간을 정해 놓고 그 시간은 오로지 최고의 컨디션으로 매장을 지키는 것이었습니다. 이 시간에 해당하는 시간은 매장에서 가장 중요한 피크타임입니다. 제일 좋은 컨디션을 유지해야 하는 이유는 하루 중 가장 많은 손님들이 오고 매출 또한 집중되기 때문입니다. 이 시간은 오로지 손님을 기다리고 방문하는 손님에게 최선을 다하는 시간이라 생각하고 최상의 서비스를 위해 노력했습니다.

두 번째는 매장에서 꼭 필요하지만, 천천히 해야 하는 일들을 배치하는 것이었습니다. 제 경우에는 가장 시간을 여유롭게 보낼 수 있는 시간은 점심 피크타임이 끝난 직후였습니다. 이 시간을 통해 매장 운영에 있어서 꼭 필요한 일을 했는데 예를 들어 업장의 매출 추이 분석, 공과세 납부, 발주 등의 중요한 사무 업무를 예로 들 수 있습니다.

세 번째로는 매장에 꼭 필요하지도 않고 중요하지도 않는 일을 합니다. 저 같은 경우에는 저녁 피크가 끝나는 시간을 이 시간으로 두었습니다. 필요하지도 않고 중요하지도 않은 일은 바로 좋은 말로는 휴식, 소위 멍 때리는 시간입니다. 하루에 10시간이 넘는 시간을 매장에서 바쁘게 보냈기에 '쉼'이 필요했고, 그 쉼을 저녁 피크가 끝나고 마감하기 1시간 전까지로 정한 것입니다.

요식업은 중노동에 가깝습니다. 때로는 하루 종일 서 있어야 하고, 땀을 바가지로 흘릴 때도 있습니다. 이 시간은 하루 종일 열심히 일한 저에게 주는 선물과 같은 시간이었고, 잠시 숨을 고르며 마지막 마감 청소를 빠르게 할 수 있도록 체력을 회복할 수 있는 시간이었습니다. 또한 저녁 피크 이후 휴식을 갖는다면 퇴근 이후의 삶도 체력적으로 문제가 없었기에 개인의 생활을 위해 중요한 시간이라 생각했습니다.

마지막 네 번째로는 급하지 않지만 매장의 미래를 위해 꼭 준비해야 하는 시간인데 제게 이 시간은 매장을 위해 청사진과 아이디어를 준비하는 시간이었습니다. 오너로서 항상 새로운 것들을 준비하고 매장의 비전과 이뤄야 할 목표들을 단기, 중장기 등으로 준비했습니다. 매장에 대한 미래 계획이 없다면 이는 하루만 사는 하루살이와도 같습니다. 저 같은 경우에는 카페를 운영하며 매장의 비전과 청사진, 계획 등을 만들어야 했기에 제일 컨디션이 좋고 머리 회전이 잘되는 아침시간을 이용했습니다. 제가 카페를 운영하던 때를 회상하면 커피 한잔을 마시며 미래를 설계하는 그 순간은 참으로 행복한 시간이었습니다.

제가 생각하는 오너로서 가져야하는 '긍정적인 시간관리 4단계'에 대해 소개했습니다. 매장을 위해 꼭 필요한 것들에 집중하는 시간을 정해 놓고 매장의 미래를 준비해야 할 것들, 매장 운영에 필요한 시간, 그리고 자신의 쉼에 필요한 시간을 적절하게 나눠 놓는 것이 시간관리의 포인트라고 말씀드릴 수 있습니다. 자기 자신에게 할당된 시간에 대해 균형이 잡힌다면 성공으로 가는 길이 더 쉽고 빠르게 이뤄질 것이라 확신합니다.

추운 겨울을 손님이 없는 카페에서 지내며 정말 많은 시간 힘들고 지쳤던 기억이 있습니다. '내가 열심히 한다고 손님들이 찾아나 올까? 혹은 알아줄까?'라고 하루에도 여러 번 생각하며 좌절했죠. 이 카페를 제대로 운영할 수 있을지, 혹시 망하지는 않을지 조마조마하기도 했습니다. 하지만 힘든 때일수록 마음을 다 잡고 노력할 수 있었던 것은 누구에게나 시간은 똑같이 주어진다는 것을 알고 있었기 때문이었습니다. 시간관리는 성공의 시작이자 열쇠와도 같습니다. 모든 사람에게 동일하게 나누어진 시간이라는 열쇠를 잘 사용하여 성공의 문을 여시길 바랍니다.

일하는 독종에게 필요하다_마음관리

일궈놓은 카페를 떠나다

카페 사업이 어느 정도 정점에 오르고 재정적으로 매출 걱정을 안 하게 되었을 즈음, 만나고 있던 여자 친구의 부모님을 찾아뵙게 되었습니다. 처음 여자 친구의 부모님을 뵙는 자리, 겪어보신 분들은 아시겠지만 정말 쉽지 않았습니다. 제가 하는 일과 비전에 대해 쭉 설명해드렸습니다.

"자네가 하고 있는 일을 공감하고 지지하네. 하지만 한 가정의 가장이 될 사람이라면 더욱 더 큰 비전을 갖고 재정적으로 탄탄하고 길게 할 수 있는 그런 직업을 갖는 것이 어떻겠나?"

말씀을 듣자 '나를 인정하지 않는 것인가?' 서운한 생각도 들고, 다른 한 편으로는 '나를 아끼시기에 좀더 미래지향적인 방향을 추천하시는 거구나'라는 감사한 마음도 들었습니다.

저 또한 곱게 키운 딸이 결혼한다면 안정적인 직업을 갖고 있는 사위를 원할 것입니다. 자식 고생을 원하는 부모는 없기 때문입니다. 결과적으로 어찌되었든 서글픈 마음이 들었습니다. 내 직업을 천직이라 생각했고 누구보다 노력하며 살았지만 현실적으로 제게 온 대답은 '안정적인' 직업을 찾아야 한다는 것이었습니다.

많이 좌절했고 실망해 한동안 방황하게 되었습니다. 하지만 지금의 아내와 결혼을 하고자 하는 마음이 강했고, 사랑으로 가득 찬 가정에서 자란 여자 친구를 놓치고 싶지 않았습니다. 그래서 카페 일을 정리하며 이직을 준비했습니다.

저는 요리사였고, 바리스타였습니다. 수 년 동안 이 일을 해왔기에 다른 업종으로 이직을 하는 것은 심적으로 힘들었을 뿐더러 다른 한편으로는 겁도 났습니다. 수많은 지원서를 쓰고 떨어지는 가운데 '나는 가치가 없는 사람인가? 내가 이정도 밖에 되지 않았나?'라는 자책을 하기도 했습니다. 결국 자존감도 바닥에 떨어지게 되었습니다. 많은 요리사분들이 한번쯤 겪으셨을 만한 이야기여서 더욱 쉽게 공감하실 것입니다.

저는 결국 요식업계를 벗어날 수 없었고 주말이 보장되고 생활패턴이 일정한 식육가공 영업을 하기로 마음먹었습니다. 처음에는 자의 반 타의 반 선택이라고 생각했고, 한편으로는 서글프기도 했지만, 현재 나의 위치를 인식하고 바꿔가기로 결심하는 순간 제 마음은 기쁨으로 가득 차게 되었습니다.

망한 회사에서 죽을 듯이 일하다

저는 ○○미트라는 육가공 업체에 취직했습니다. 돼지와 소를 주로 다루는 일이었는데 그 중에서도 돼지 다리를 전문적으로 다루는 회사였습니다. 하루 종일 4평 남짓한 공간에 들어가서 음악을 틀어놓고 돼지 다리를 기계로 절단하여 물에 해동시키고, 뼛가루를 제거한 뒤 깨끗해진 돼지 다리를 다시 검수하였습니다. 남은 사태부분은 뼈를 발골하여 무뼈 족발로 삶았습니다. 이렇게 하루 3톤을 작업했으니 작업량이 상당했습니다. 나중에 지나가는 소리로 돼지 몇 십만 마리는 족히 작업한 것 같다는 말을 하기도 했습니다.

몇 달 동안 사람도 만나지 못하고 독방 같은 곳에 틀어박혀서 일을 했던 순간이 젊은 저로서는 가장 고통스러웠던 때였습니다. 가까운 사람들도 제가 식육가공 업체에서 일을 하는 줄만 알았지 구체적으로 무슨 일을 했는지 몰랐습니다. 제 일이 당시에는 너무나도 힘들게 느껴졌기에 떳떳하게 말하지 못했습니다. 또한 제가 이렇게 힘든 일을 한다고 말을 하면 결혼 또한 힘들어질 것 같아 지금의 아내한테조차 구체적으로 말하지 못하였습니다.

그렇게 저는 몇 달 동안 돼지 다리를 작업하는 일만 하게 되었습니다. 당장 일을 하는 것에만 몰두했을 뿐 다른 것에 관심을 둘 여유가 없었습니다.

"사장님, 저는 언제까지 여기서 혼자 작업해야 하죠? 그리고 회사에 입사한지도 3달이 넘었는데 회사에 대해 아는 것이 없어요."

"정선생, 미안하다. 사실 우리가 함께 일하는 이 회사는 한 번 망한 회사야. 한때는 동종 업계에서 가장 유망하고 큰 회사였는데, 내가 욕심을 많이 부리고, 직원관리를 하지 못하여 수억의 채무를 갖게 됐어. 너무 늦게 말해서 미안하다. 전에는 자금력이 좋아서 모든 물품을 확보하고 있어서 영업을 하기도 편했지만, 지금은 자금이 부족하여 돼지 발만 유통하고 있는 거야. 자금도 막혀있지만 업계에서 이미 나는 한 번 실패한 사람으로 낙인이 찍혀, 20년 이상 이 업계에서 일을 했는데도 신용이 떨어지게 됐어. 자살할 생각도 했고, 알코올중독으로 시간을 보내던 때도 있었지."

충격적인 이야기를 덤덤히 말씀하시는 사장님을 보니 제 마음도 무너질 것처럼 힘이 들었습니다.

"네가 회사 환경을 탓하지 않고 열심히 일하는 것을 보며 나 또한 희망을 품게 되었어. 조금만 더 열심히 하면 조금이나마 상황이 좋아질 것이라는 생각에 그동안 차마 이야기를 하지 못했다. 그 동안 힘들었을 텐데 내가 너무 방관했던 거 같아. 미안하다."

사장이란 위치에서 직원에게 미안하다는 소리를 하는 것 자체가 쉽지는 않았을 것입니다. 꼭 사장과 직원의 관계가 아닐지라도 사람은 자신의 잘못에 대해 쉽게 인정하기 힘들다고 생각했습니다. 하지만 이 회사의 사장님은 조금 달랐습니다. 인간적인 면도 있었고, 미안하다고 말할 수 있는 그런 분이었습니다.

그래서 정말 열심히 일했습니다. 밥 먹는 시간을 빼고는 최선을 다해 일만 해 제 손은 발골로 인해 항상 멍이 들거나 피가 맺혔습니다. 한편으로 내 빚도 아닌데 그것을 갚으려고 내가 이렇게 힘들게 살아야 하나 억울하기도 했지만, 자기 직원 앞에서 거짓말하지 않고 자신의 상황을 말해주고 제 입장을 이해해주는 것이 고맙게 느껴졌습니다.

"열심히 일해서 빚을 다 갚고 회사를 다시금 크게 세워봤으면 좋겠습니다."

저는 그날부터 돼지 다리를 작업하는 것이 아닌, 영업을 시작하게 되었습니다. 몇 개월 동안 제품을 생산하여 많은 돈을 갚았지만 더 큰 돈이 필요했기 때문입니다. 어쨌든 돈을 더 많이 벌 수 있는 방법은 영업활동을 통하여 신규 업장을 개척하는 것이라 판단했습니다.

나를 믿어라

영업 첫날 냉동 물건을 1톤을 냉동 탑차에 가득 싣고 운전하던 기억이 납니다. 스틱 운전을 오랜만에 해서 적응도 되지 않았고 백미러가 없는 것이 너무 힘들었습니다. 엎친 데 덮친 격으로 그날따라 폭우가 몰아쳐 파주까지 가는 장거리 운행이 배로 힘들었습니다. 몇 번의 죽을 위기를 뚫고 회사에 복귀했더니 식은땀으로 옷이 젖어있었습니다. 이 대로 일하면 죽을 것 같아서 일을 그만둘까 고민하다 잠들고, 다음 날 부모님의 얼굴을 보면 차마 힘들다는 이야기를 입 밖으로 꺼낼 수 없어서 아무 말 없이 출근하기를 반복했습니다.

한번은 출근하자마자 좁은 골목길을 운전하는데 실수로 오토바이 가게의 오토바이를 밟고 지나가는 사고를 냈습니다. 내려서 보니 오래된 오토바이여서 다행이었지만, 오토바이 가게 사장님이 나와서 어떻게 할 거냐며 책임지라 하셨고, 저는 하소연을 하며 한번만 봐달라고 빌었습니다. 저도 참 대단했던 것이 남의 물건을 차로 뭉개었는데, 돈이 없으니 한번만 봐 달라고 했던 것이었습니다. 참으로 힘든 시절이었고 그 마음이 조금이라도 전해졌는지 오토바이 가게의 사장님은 일진이 사납다는 말과 함께 조심히 운전하라며 그냥 가라고 했던 기억이 납니다.

요리를 그만 두고, 관련 직종에서 일을 했지만 자괴감이 밀려드는 것은 어쩔 수 없었습니다. 또한 내가 가장 사랑하는 사람들에게 인정받지 못하고 있다는 생각이 들자 더 힘들었습니다. 이렇게 바닥을 치던 자존감을 끌어올렸던 계기는 철학자 니체의 '나를 믿어라. 인생에서 최대의 성과와 기쁨을 수확하는 비결은 위험한 삶을 사는 데 있다.'라는 말을 접하면서였습니다.

단순한 문장이었지만, 아무에게도 힘든 것을 말하지 못할 때 이만큼 힘이 되는 말은 없었습니다. 내 자신을 존중하기로 결심했습니다. 나 자신을 믿기로 했습니다. 그리고 위험한 순간을 사는 것이 잘못된 삶을 사는 것이 아닌 인생에서 최대의 성과와 기쁨을 누리는 방법이라 생각하게 되었습니다. 저는 1톤 냉동 탑차를 끌고 전국 방방 곳곳을 다니게 되었습니다. 처음에는 운전하며 다니는 것이 시간이 아깝고 무료하게 느껴졌지만, 내가 이 때 아니면 언제 이렇게 많은 곳을 다닐 수 있을까 라고 생각을 바꾸는 순간 하루하루 고객사를 방문하고 운전하는 것이 즐거웠습니다. 정말 재미있게 열심히 8개월을 일하고 회사의 빚을 일정 부분 갚고 사장님과 함께 새로운 회사를 꾸리게 되었습니다.

긍정의 마음은 무엇이든 해낸다

가장 힘든 순간에도 긍정적인 마인드와 자신에 대한 믿음과 사랑을 갖는 사람은 살아남습니다. 그리고 성공할 수 있습니다. 때로는 일이 마음대로 풀리지 않을 때 자신을 다그칠 때도 있고 왜 이것 밖에 되지 않는지 자신을 원망할 때도 있을 것입니다. 하지만 이러한 생각들은 성공을 위한 열쇠가 아니라 바로 실패를 위한 열쇠라고 생각합니다. 자기가 자신을 사랑할 때 자신이 갖고 있는 가장 큰 힘을 발휘할 수 있을 뿐더러, 주위의 긍정적인 반응을 이끌어 낼 수 있습니다.

여러분은 지금 어떠신가요? 감소하는 매출과 죽어가는 경제를 보며 한탄하고 있지는 않으신지요? 물론 저도 힘든 상황인 것을 알고 있습니다. 하지만 점점 자신을 조여 오는 상황에 스스로 무너진다면, 다시 일어나기는 힘들 것이라 생각됩니다. 그렇기에 힘든 때일수록 마음을 다잡고 자기 자신을 사랑하는 연습과 자기 자신을 믿는 연습이 필요합니다. 그것이 일하는 독종이 살아남는 방법입니다. 마지막으로 제가 일하며 긍정적인 마인드를 잃지 않았던 방법에 대해 구체적으로 소개하고자 합니다.

첫 번째로 아침마다 저는 이런 생각을 했습니다.

'나는 행복한 사람이다. 오늘 좋은 일이 있을 것이다. 나는 행복하고 만족스런 삶을 살고 있다.'

가장 고요한 시간인 아침에 자기 자신의 마음을 컨트롤 하는 것은 성공한 사람이 되기 위한 가장 첫 걸음이라 생각합니다.

두 번째는 주어진 일에 성심을 다하는 것입니다. 말은 쉬워도 내 마음과 정성을 다한다는 것은 생각처럼 쉽지 않습니다. 예를 들어 직원은 절대 사장처럼 일하지 않는 것과 마찬가지입니다. 사장과 같은 보수를 받을 수 없을 뿐더러 대우도 받을 수 없기 때문에 대부분의 직원들은 사장처럼 일하지 않습니다. 하지만 사장처럼 일한 직원은 언젠가 그에 맞는 보상을 받기 마련입니다. 모든 것이 내 일이라 생각하고, 마음을 다하는 것이 성공의 열쇠 중 하나입니다.

세 번째로는 실패에서 삶을 알아가는 것입니다. 저는 결과적으로는 실패한 요리사였습니다. 자의 반 타의 반으로 다른 직종 일을 하게 되면서 많은 시행착오를 겪게 되었습니다. 하지만 이 모든 것이 더 나은 삶을 준비하기 위한 것이었다고 지금에서야 깨닫게 되었습니다. 모든 일에 실패는 있을 수 있지만 그 실패를 마음에 새기고 긍정적이고 새로운 미래를 창조해 나아가는 것이 세 번째의 포인트입니다.

마지막 네 번째로는 목표를 명확히 하는 것입니다. 이직을 한 뒤 제 목표는 사장의 빚을 갚고 새롭게 시작하는 것이었습니다. 이런 목표와 목적이 있었기에 힘든 시간을 버틸 수 있었고, 목표를 이룰 수 있었습니다.

　어찌 생각하면 반복되는 생활에 아침부터 일어나면 몸이 고단하기도 하고 짜증이 날 수 있습니다. 하지만 그런 때일수록 저와 함께 위의 4가지 방법으로 성공을 찾아 떠나셨으면 좋겠습니다. 그렇다면 분명 부정적인 상황들이 긍정적으로 풀릴 것이고 새로운 미래를 창조할 수 있습니다.

뒤돌아서 울지라도 계속 가야한다_감정관리

시간관리와 마음관리를 잘 해서 내 마음의 평안을 유지하더라도 다른 형태의 힘든 시간이 올 것입니다. 직장 상사와의 관계, 혹은 손님과의 관계, 회사의 불투명한 비전 등 수많은 변수들은 항상 우리들을 기다리고 있습니다. 그렇기에 우리는 때때로 '그래도 계속 가는' 연습을 해야 합니다.

죄송합니다, 다시 한 번 기회를 주세요

제가 이랜드 외식사업부에서 일할 때였습니다. 입사 초에 배정된 업장은 집에서 20분 거리에 있어서 출퇴근이 쉬웠습니다. 그렇게 적절한 거리에서 적당한 근무를 1년 정도 했습니다. 적당한 크기의 매장에서 적당한 매출을 거두었으니 사실 입사 초 회사 적응을 위해서는 무척 좋은 시간이었습니다. 이후 더 큰 매장에서 일을 배우고자 월 매출 4,000만 원 매장에서 8,000만 원 매장으로 옮기게 되었습니다. 스텝들도 더 많앉고 해야 할 일도 산더미였지만 그나마 위안이 되었던 것은 부족한 실력을 채워 주는 주방 팀장님이 있었던 것이었습니다. 주방 팀장님에게 많은 가르침을 받았지만, 2배가 넘는 매출에 적응하기 위해서 어느 정도 시간이 필요했습니다.

어느 날 주방 인원이 저까지 2명밖에 없었던 날이었습니다. 설거지까지 맡아하며 주방 일을 했지만 당일 점심 매출을 보니 160만 원이 넘어가고 있었습니다. 최적화된 동선과 팀워크라도 주방 인원 단 2명이 160만 원의 매상을 올리는 것은 쉬운 일이 아니었습니다. 숨이 턱까지 찰 정도로 지옥과 같은 시간을 무사히 넘겼습니다. 하지만 문제는 여기서 시작되었습니다. 점장이 달려와서 제게 화를 냈습니다.

"매니저님 같은 수준 낮은 주방 직원은 입사하고 처음 보네요!"

경위를 알아보니 주방 일이 많아지면서 음식의 퀄리티가 떨어졌고, 머리카락이 음식에 혼입되어 고객 클레임이 걸리게 되었다는 것이었습니다. 아무리 그래도 직원들이 다 있는 곳에서 이런 면박을 받으니 마음이 편하지 않았습니다. 인원이 적은 상태였는데 주방 상황을 이해해 주지 않으니 한편으로 화가 나기도 했습니다. 일로 인한 스트레스는 버틸 수 있어도 사람이 주는 스트레스는 버티기가 참 힘듭니다. 순간 저는 너무 치욕스러워서 '옷을 벗고 나갈까 아니면 뺨을 한 대 때려야 하나'라는 생각까지 했습니다. 하지만 저도 놀랄 정도로 자연스럽게 제 입에서 나왔던 한마디는 "죄송합니다. 점장님. 기회를 주시면 다시 열심히 해 보겠습니다."였습니다.

감정이 고조된 상황에서 이런 말이 나오다니, 제 스스로도 놀라웠습니다. 옆에 있던 후배는 차라리 싸우라는 표정으로 절 봤지만, 저보다 어린 점장에게 욕을 하고 싸우면 오히려 부끄러울 것 같다는 생각이 들었습니다. 그래서 제가 택한 것은 단순히 '지는 것'이 아니라 잘할 기회, 만회할 기회를 만드는 것이라 생각했습니다. 누구나 살면서 실수할 때도 있고 잘못할 때도 있지만, 그때 마다 우리는 적당히 마무리하고 끝내는 것이 아니라 정말 제대로 일을 처리해서 내 명예를 회복해야 한다고 생각합니다.

점장은 주방 경험도 없고 아직 젊은 혈기가 있는 사람이었습니다. 저는 마음속으로 '언젠가 이 지옥 같은 주방을 몸으로 체험한다면 내 입장이 이해될 것이다.'라고 생각하며 명예 회복을 위해 그 누구보다 열심히 일했습니다. 제 위에 있던 주방 팀장님은 다른 지점으로 가게 되었고, 제가 주방 총괄 매니저가 되었습니다.

점장은 주방에 사람이 부족하니 자의 반 타의 반으로 주방에 들어오게 되었습니다. 주방 업무 1일차 때 벌써 점장의 눈은 풀려 있었습니다. 저와 눈이 마주치자 불현듯 저에게 사과했습니다.

"매니저님, 저번에 제가 듣기 싫은 말 한적 있었죠? 그 때 제가 너무 심하게 말한 것 같아요. 죄송해요."

사실 모든 일은 자신이 직접 경험해보지 않으면 이해하기 어렵습니다. 그래서 쉽게 평가하면 안 된다고 생각합니다. 한편으로 동생 같은 점장이 이해되기도 했습니다. 우리 모두 젊은 혈기를 갖고 있었기에 서로가 실수할 수 있다고 생각했습니다.

"괜찮습니다. 지금이라도 이해해줘서 고맙습니다."

저는 약 8개월의 근무 기간을 끝낸 뒤 원래 있던 매장에 다시 돌아가게 되었습니다.

일 하는 방식은 다르지만 결국 성실이 답

저는 또 인사이동으로 집에서 2시간 거리의 매장에서 일하게 되었습니다. 출퇴근에만 하루 4시간이 소요되었습니다. 근무시간은 오픈부터 마감을 할 경우에는 15시간 정도 했으니, 약 19시간을 집 밖에서 보내는 힘든 시절이었습니다. 제가 회사 생활을 하며 처음으로 '이러다 죽겠다'라고 생각했던 때이기도 했습니다. 또한 이 매장의 건물은 이랜드 회장님의 소유라 더욱 철저하게 관리했고, 실제로 회장님도 몇 번 매장을 방문하기도 했습니다.

제가 주방 매니저였던 당시 점장은 홀과 주방도 겸해서 일을 하는 점장이었습니다. 점장은 일 중독의 끝을 보여주듯 출퇴근 시 외투 안에 항상 주방복을 입고 다녔습니다. 처음 3달은 쉬는 날에도 전화로 괴롭히고, 같이 일하는 날에는 정말 죽일 듯이 욕을 해대는 그런 사람이었습니다. 옆에서 제 모습을 지켜보던 어머니 연배의 캡틴님은 저를 뒤로 불러 항상 다독이고 첫 3달만 버티면 좋아질 것이라고 연신 말씀해 주셨습니다. 그도 그럴 것이 같은 브랜드였지만, 그 점포는 퀄리티 부분에서 다른 매장과 차원이 달랐고 사업부 내에서도 항상 1등을 하는 매장이었던 것입니다. 매출도 월 1억이 넘었고, 회장 표창을 받는 등 브랜드 내 전 매장 중의 탑 매장으로 명성이 자자했던 곳이었습니다. 그런 곳에 갔으니 힘든 것은 두말하면 잔소리였습니다. 항상 "죄송합니다."를 달고 다니다 3개월 후에는 점차 적응했고, 일중독 점장도 이제 됐다며 저를 인정해주기 시작했습니다.

"우리 정 매니저가 처음 왔을 때는 아주 못 봐줄 것 같았는데, 그래도 3달 버티니 잘하네!"

같이 농담하고 웃는 것이 낯설었지만 언젠가부터 점장은 계속 저를 챙겨주기 시작했습니다. 시간이 좀더 지나자 조금씩 소통이 되어가고 손발도 맞게 되었습니다.

저는 한 회사에서 약 5번의 매장이동을 했습니다. 5번의 이동 속에 저는 다른 사람들과의 마찰을 셀 수 없을 만큼 많이 경험하고 상처를 받기도 했지만, 그 시간 동안 제 마음 가운데 생긴 생각이 있습니다.

'힘들어도 계속 가야 한다. 그리고 내가 나 자신을 이해하듯 남도 이해하되 그 허용범위를 더 크게 둬야 한다.' 사회생활 중 가장 힘든 것은 앞서 말씀드렸다시피 일이 아닙니다. 일 가운데 사람과의 관계가 제일 힘듭니다.

이처럼 모두에게 다르게 펼쳐지는 삶 속에 우리는 서로를 100% 이해하는 것은 불가능에 가깝습니다. 하지만 우리는 서로를 이해하는 마음이 필요합니다. 그 마음이 함께 계속 갈 수 있는 원동력이 되기 때문입니다. 사장은 일손이 필요해서 직원을 고용하고, 직원은 직업과 돈이 필요하기에 사장을 필요로 합니다. 어찌되었든 사장과 직원으로 만나는 것은 단순히 만날 수 있는 많은 인연 중 하나일 수 있겠지만 그게 아닐 수도 있습니다. 10억분의 1의 확률로 만난 귀한 만남은 바로 지금 매장에서의 모든 직원들과의 만남입니다.

이랜드 외식사업부에서 일하며 많은 상처들과 즐거움이 공존했습니다. 욕을 먹을 때는 정말 쥐구멍으로 숨고 싶을 때도 있었고, 모욕감에 당장 그만두고 싶기도 했습니다. 하지만 제가 이 시간을 버틸 수 있었던 힘은 기업이 주는 명예와 돈이 아닌 같이 일하는 사람들과의 관계에서 나왔습니다.

앞서 제 힘들었던 상황과 직장 안에서의 우여곡절을 말씀드렸는데 '이만큼 고생했다. 이만큼 힘들었다.'라는 걸 말씀드리려는 것은 아닙니다. 정말 힘든 인연을 견디고, 나를 힘들게 하는 그 사람을 위하고 마음을 쓴다면 시간이 걸리더라도 상황이 바뀐다는 것을 말씀드리고 싶습니다. 이것이 제가 계속 버틸 수 있었던 '그래도 계속 갈 수 있는 힘'이었습니다.

다시 말씀드리고 싶습니다. 돈이나 명예를 찾아서는 그 관계와 일을 오래 지탱할 수 없습니다. 세상이 아무리 힘들게 하고 당장 압박받을지라도 우리는 한 번 더 뒤를 돌아보고 사람을 위해야 합니다. 그것이 서로 계속 갈 수 있는 방법이라 생각합니다.

돈을 만지는 법_숫자와 친해지기

　이랜드 외식사업부에서 나와 저는 J요리사와 함께 '김가냉면'이라는 함흥냉면 전문점을 공동 창업을 하게 되었습니다. 두 사람 모두 기술은 있었지만 목돈이 없어서 J요리사의 이름으로 3,000만 원 대출을 받은 뒤 2,000만 원 보증금에 80만 원 월세를 내는 업장에 자리를 잡았습니다. 운이 좋게도 들어간 자리가 망한 고기집이어서 원통형 테이블과 환풍 시설과 같은 집기가 있었습니다. 남은 1,000만 원으로 전에 있던 간판의 필름을 벗겨낸 뒤 새로 달고, 필요한 주방 집기는 중고 제품으로 구매를 하고 인테리어 공사는 생략하자 단 일주일 만에 오픈 준비를 모두 마치게 되었습니다.

　"형님, 보증금 2,000만 원을 빼면 투자비용으로는 1,000만 원 밖에 들지 않았는데 이정도 가게면 훌륭해요. 근데 예비비가 없어서 큰일이네요. 당장 다음 달 월세가 걱정이에요."

　"다 우리가 열심히 하면 잘 될거야. 지역적으로 이 자리가 직장인이 왔다갔다 많이 하는 삼각지대잖아. 우선 우리 일에 최선을 다하다 보면 좋은 결과가 올 거야."

이렇게 걱정 반 기대 반으로 시작한 사업은 의외로 좋은 성과를 거두었습니다.

"형님, 이번 달 우리 500만 원은 갖고 갈 수 있어요!"

"에이 거짓말 마! 하루 매출이 80만 원인데 어떻게 둘이서 500만 원을 갖고 가냐. 계산기 그만 두드리고 이거나 도와줘."

"아니라니까요! 일하지 말고 와서 봐요. 우리 이번 달에 2,350만 원 벌었잖아요. 우선 우리가 지출하고 있는 금액부터 쫙 적어볼게요."

항목	김가냉면 지출 현황표
임대료	80만 원(20평 매장)
대출비용	500만 원(가게 대출 이자 및 원금 상환)
운영비	55만 원(인터넷, 포스, 가스 등 기타비)
원가	510만 원
인건비	J요리사 + 나

"이거 보세요. 우선 우리 가게 이번 달 매출은 2,350만 원이에요. 그리고 지출은 임대료와 대출비용, 운영비, 원가로 나누어 보았는데 이것만 더해보면 1,145만 원이더라고요. 여기에 세금 및 기타 비용을 예비비로 빼놓는 것이 좋겠죠? 총 매출의 10%로 계산했을 때 235만 원이 되니 예상 총 지출은 1,380만 원이 되네요. 그리고 총 매출과 지출은 제하면

970만 원이에요. 대박이에요! 생각해 보세요! 1,000만 원 시설비로 투자해서 1달 만에 시설비의 반을 뽑았어요. 그리고 낼 거 다 내고 한 사람 당 500만 원에 가까운 수익을 갖고 갈 수 있잖아요."

"오픈발도 있었고, 주류도 생각보다 많이 팔려서 이렇게 잘 될 수 있었던 것 같아. 예비비가 없어서 진짜 걱정이었는데 다행이다. 점심 장사만 조금 잘 되면 일 매출이 100만 원 넘을 거 같은데 안정적으로 매출나올 때까지 힘내자고!"

냉면 장사를 시작하고 정신없이 한 달이 흘러갔습니다. 열심히 최선을 다한 대가로 나름 적지 않은 금액이 통장에 들어오게 되었습니다. 하지만 다시 생각해 보니 이 돈은 그리 크지 않다는 생각이 들었습니다. 왜냐하면 3~4명이 해야 할 일을 2명에서 했기에 인건비를 줄여 총 지출 비율이 적어졌기 때문이었죠.

"형님, 우리 인건비를 줄이는 방식으로만 가지 말고, 인원을 한 명 쓰고 더 편하게 일하며 좀더 수익을 낼 수 있는 방법을 생각해봐야 할 것같아요."

"맞아. 내 가게라고 물불 안 가리고 일하니 오늘 아침에는 코피가 나더라고. 피크타임에 일할 아르바이트생을 구한 뒤 생각해보자."

이렇게 영업을 한지 한 달이 넘었을 즈음 아르바이트생을 채용하게 되었고 인건비를 감당함과 동시에 더 큰 수익을 내기 위해 업장 특성에 맞게 전략을 짜게 되었습니다.

매출 100만 원 달성 방안

① 상황

현재 1일 평균 매출 80만 원에서 100만 원으로 20만 원의 추가 매출을 올리는 것은 단순 이벤트로 될 수 있는 것이 아니다. 이에 고정적인 수익 20만 원 창출을 위해 소비자들이 매력적으로 느낄 혁신적인 프로모션이 필요하다.

② 목표

현재 업장의 수익은 점심 장사 10만 원과 저녁 장사 70만 원으로 나누어진다. 수익의 대부분이 저녁 장사에서 나 수익이 한쪽으로 편중되어 있다. 점심 장사에서 일 평균 20만 원의 수익을 더 내어 총 30만 원의 점심 매출을 목표로 프로모션을 만들어야 한다.

③ 타깃

프로모션 제작을 위해 어떠한 대상을 타깃으로 잡아야 할까? 주변의 다른 가게를 조사해 보니 경쟁이 될 수 있는 업장은 총 3곳이고 이곳의 점심 손님은 대부분 회사원들이다. 그리고 다른 손님들은 길거리에 잘 보이지 않는다. 유동 카운팅(근처 골목에 사람들이 누가 다니는지, 얼마나 다니는지 조사하는 것을 말함)을 점심 평일 2일, 주말 2일 해본 결과 유동인구의 80%이상은 회사원이었다. 점심 장사의 타깃을 회사원으로 선정하고 이에 맞게 프로모션을 제작해야 한다.

④ 전략

현재 주변 상권을 분석한 결과 직장인들의 평균 밥값은 6,000원으로 형성이 되어 있다. 이에 우리는 500원을 낮춘 5,500원에 양질의 식사를 제공하자. 고객이 지금보다 많이 유치가 된다면 이 손님들을 통해 부가 수익(다른 메뉴)을 올릴 수 있을 것이고 고정적인 수익을 올릴 수 있을 것이라 판단된다.

⑤ 프로모션

백반을 5,500원으로 책정하고, 식사 가능한 메뉴 뚝배기 불고기, 된장찌개, 김치
찌개 등을 1,000원이 비싼 6,500원으로 책정해서 회사원이 단체로 왔을 때 식사
메뉴로 유도를 하면서 객 단가를 높이는 프로모션을 진행한다. 홍보 도구로는 배
너를 이용하고 2만 원 이상 식사 주문 시 무료 배달도 진행한다.(2만 원이 안될 시
배달료 부과)

위의 방안을 기초로 타깃(회사원)을 선정하고 이에 맞게 프로모션을
제작하게 되었습니다. 그 결과 점심식사를 위해 10~20명 정도 방문하
셨던 손님들이 50~60명으로 늘어나게 되었고, 객 단가가 떨어지진 않
을까하는 우려도 있었지만 손님들도 여러 식사메뉴를 시키시며 안정적
으로 수익이 발생하게 되었습니다. 결과적으로 업장 개업 후 2달 만에
일 100만 원이라는 매출을 달성할 수 있게 되었습니다.

많은 요리사들이 정해진 레시피가 있어도 '이정도면 되겠지.'라는 생
각으로 요리를 합니다. 물론 많은 경험을 통해 달인이 되어 일정한 양
을 유지할 수 있겠지만 그렇지 못한 경우가 대부분일 것이라 생각됩니
다. 그 결과 맛은 일정함을 잃고 손님도 잃게 되죠. 외식 사업도 마찬가
지입니다. 철저한 계산을 통해 이유를 찾고 해결책을 찾아야 하지만 감
에 의지하여 잘못된 선택을 할 때가 많을 것입니다. 장사는 수학과 같
습니다. 정확한 계산과 판단을 통하여 돈을 세며 날을 지새우는 날이
오시길 기원하겠습니다.

★ 경영 체크리스트

① 현재 업장을 운영하시거나 창업을 준비하시는 분이 있다면 손익분석은 필수입니다. 창업을 위해 프랜차이즈를 업체를 알아보시는 분들이 계시다면 아래의 표를 필히 알고 계셔야 합니다. 이 표를 통하여 객관적으로 프랜차이즈 본사를 분석할 수 있고 분명 본사 미팅에서 더 좋은 선택과 우위를 정하실 수 있을 것입니다.

항목	음식점	커피숍
임대료	10%	15~20%
인건비	18~20%	15~20%
운영비	8~10%	8~10%
원가	30~35%	25~30%
수익률	20~25%	25~30%

그럼 위의 손익분석표를 참고로 하여 사장님 업장의 경영분석을 함께 해보겠습니다. 우선 예시를 보시고 여러분들의 업장도 분석해보기 바랍니다.

항목	A 음식점	사장님 업장
임대료	150만 원	
인건비	200만 원	
운영비	100만 원	
원가	400만 원	
수익률	150만 원	

* 외식업 기준 도표

A 음식점의 경우 임대료가 낮고 인건비 관리가 잘 되고 있지만 원가 부분에서 다소 많은 비용을 지출하고 있습니다. 원가 관련 문제를 풀기 위해서는 현장 체크가 필요하겠지만 로스비용, 발주 등의 관리가 필요할 거라 예상이 됩니다. 사장님의 업장은 어떠신가요?

② 업장 원가 체크리스트에 대해 나누어 보려고 합니다. 주방의 원가뿐만이 아닌 업장 전체의 원가를 계산함으로써 판매가격부터 시작하여 로스관리까지 업장 운영의 많은 부분을 관리할 수 있습니다. 해당 업장의 상황에 맞게 대입을 하실 수 있도록 공식으로도 준비했으니 참고하시기 바랍니다.

목차	내용	체크
재료비	재료에 대한 총 사용량은 파악이 되고 있는가? 총 사용량 = 기초 재고 + 당월 총 매입액 – 월말 재고	
	현재 업장에서는 30~35%의 식자재 원가율을 유지하는가?	
	주문 실수를 한 적이 있는가?	
	식자재 로스가 4%가 넘는가?	
경비	직접경비(전기, 가스 등)는 잘 관리됐는가?	
	간접경비(전자제품, 주방기구)에 관한 감가상각은 계산됐는가?	
	명세표 관리를 하는가?	

③ 업장 이윤에 대한 정확한 계산을 내리기란 쉽지 않습니다. 가장 좋은 방법은 실매출(현금 + 카드)를 계산한 후 지출을 빼면 되는데 이번에는 업장 이윤에 대해 업장 원가 체크리스트를 기준으로 계산하겠습니다.

제조원가 = 재료비 + 경비 + 노무비

총 원가 = 제조원가 + 영업비(재품 판매와 매장 운영에서 발생하는 비용)

이율 = 1 – (제조원가 / 판매금액)

* 외식업의 평균 이율은 20~25%

3장

기초부터 제대로 배우는
마케팅 비법

인생을 건 사업_비지니스 모델

'퇴직 후 할 것도 없는데, 치킨 집이나 차려볼까?', '회사 다니기 싫은데 카페나 차려볼까?'라는 생각으로 사업을 시작하시는 분들이 상당히 많습니다. 이런 생각과 마음으로 사업을 시작하였다고 질책을 하는 것이 아닙니다. 지금으로부터 10년 전이라면 이러한 방법으로도 어느 정도 성공을 거둘 수 있었겠지만 지금은 쉽지 않은 일이 되었다는 것을 말씀드리고 싶습니다. 높아진 임대료와 인건비 등이 여러 요인으로 작용하였기 때문이죠.

지금은 누구나 힘들다

최근 몇몇 프랜차이즈 업장을 방문했을 때 해당 매장의 사장님들을 마주할 기회가 많았습니다. 불과 몇 년 전까지 만해도 유명 프랜차이즈 업장에서 사장님들은 대면할 수 없었습니다. 업체에서 수금할 때도 점장을 통해 이뤄졌죠. 이전에 프랜차이즈 업장을 운영한다는 것은 '투자'

와 같은 일이었습니다. 그러나 지금은 사장님들이 업장에서 직접 일을 하고 있습니다. 이것이 바로 현재 외식업의 현주소입니다.

며칠 전 유명 제빵 프랜차이즈의 점주님과를 만났습니다.

"사장님, 안녕하세요? 잘 지내셨어요?"

"잘 지냈죠. 사장님도 잘 지내셨나요? 요즘 경기가 왜 이렇게 안 좋죠? 다른 업장은 어떤가요?"

"다른 데도 똑같은 것 같아요. 신문을 보니 한 달에 100곳 중 5개의 업장은 폐업한다고 하는데 그 말이 맞는 것 같아요. 2018년도에 비해 더 안 좋은 것은 말할 것도 없고요. 2017년도에 비해서 여러 데이터로 보았을 때 폐점률이 비교도 안 되게 높아요."

"제가 몇 시까지 일하는지 아세요? 빵집인데 새벽 1시까지 일을 해요. 재고를 조금이라도 남기지 않으려고 늦은 시간까지 일하는 거죠. 정말 힘들어 죽겠어요. 오후 2~3시쯤 출근해서 그때까지 있으니, 중노동도 이런 중노동이 없어요!"

"사장님, 그래도 주말에는 쉬시죠?"

"주말이요? 저 못 쉰지 3년이 넘었어요. 제가 주말에 일 안하면 차 떼고 포 떼고 남는 것은 하나도 없어요."

악화된 경기와 흔들리는 소비 위축에 의해 자연스럽게 자영업자나 영세사업자들은 고통 받을 수밖에 없게 되었습니다. 직장인들도 상황이 그리 녹록하지는 않습니다. 친한 친구로부터 연말에 연락이 왔습니다.

"잘 지내? 너희 회사는 연말인데 회식은 자주 해?"

"무슨 소리. 우리 회사에서 회식 없어진지 꽤 됐어. 경기가 많이 위축되어서."

"그래? 그래도 연말이니 보너스가 나올 거 아냐. 만나서 한 잔 쏴."

"연말 보너스는 무슨. 세금을 너무 떼어가서 월급날 통닭 한 마리 먹는 것도 진짜 고민하면서 먹는다."

"이런, 다들 힘든가 보구나. 사실 나 퇴사했어. 이래저래 술 한 잔 얻어 마실라 했는데 너도 많이 힘든가 보구나."

"괜찮아? 너 결혼한 지 얼마 되지 않았는데…. 무슨 사오십 대도 아니고, 벌써 퇴직이라니 이게 무슨 일이야?"

"말이 좋아 퇴사지 잘린 거야. 회사가 힘들대."

앞의 제빵 프랜차이즈 사장님 이야기와 직장인 친구와의 대화를 통해 자영업자와 회사원의 삶은 별반 다를 것이 없다는 것을 느낄 수 있었습니다. 요즘 프랜차이즈 업에 종사한다는 것은 자금을 투자하여 직장을 얻고, 회사원보다 조금 더 많은 급여를 받는 정도라는 생각이 듭니다. 투자금을 회수할 수 있다면 정말 다행이죠. 그럼에도 여전히 프랜차이즈를 선호하는 것은 개인 업장을 차리는 것보다 창업이 훨씬 수월하고 어느 정도의 안정성을 확보할 수 있기 때문일 것입니다.

장사의 시작, 브랜드모델(BM)

요즘 시대에 프랜차이즈 업장을 차리면 성공할 수 있을까요? 혹은 갖고 있는 기술로 원하는 자리에 가게를 차리면 될까요? 장사를 준비하고 시작함에 있어서 가장 중요한 것은 비즈니스 모델(BM)을 정하는 것부터 시작됩니다.

BM(Business Model)은 업장이 수익을 창출하기 위한 계획과 방법을 말하는데, 여기서 수익은 바로 우리의 고객의 주머니에서부터 나오게 됩니다. 즉 비즈니스 모델은 단순히 업장이 수익을 창출하기 위해 계획과 방법을 모색하는 것이 아닌 고객과 고객가치를 중심에 두고 수익 창출을 계획해야 한다는 것에 의미를 두고 있습니다. 결국 비즈니스 모델은 타 경쟁업체와는 완전히 차별된 고객가치를 확보하게 되어 수익을 창출하는 방법이라고 말씀드릴 수 있습니다.

B사장님은 외식 사업을 시작하려고 마음을 먹었지만 아직 구체적인 종목을 정하지는 못했습니다. 오늘도 족발을 해야 할지, 치킨을 해야 할지 고민이 많습니다. 사업 아이템에 대해 고민하던 끝에 치킨으로 정했지만 고민은 끝나지 않습니다.

'유명 프랜차이즈에 로열티를 내고 장사하는 것은 왠지 밑지는 장사 같고, 내 브랜드를 런칭하자니 기술도 없고 안정성도 없는 것 같네.'

B사장님은 30년 동안 공무원 생활을 했기 때문에 장사 경험이 조금도 없었습니다. 그는 고민 끝에 유명 치킨 브랜드에 값비싼 로열티를

지불하고 가게를 차리기로 결정했습니다. 아쉽지만 이렇다 할 기술이 없었고, 장사에 대한 노하우가 없었기 때문입니다. B사장님은 프랜차이즈의 힘을 빌려 사업을 시작할 수 있었지만, 정작 중요한 고객과 고객가치의 눈높이에서 사업을 체크하지 않았기 때문에 예정과 다르게 매출은 정말 느린 속도로 증가했고 서비스 부분에서 많은 시행착오를 겪게 되었습니다.

성공을 좌우하는 BM 기획

BM을 기획하는 것은 단계가 필요합니다. 첫째, 소비자에게 제공하려는 핵심가치 선정, 둘째, 핵심가치의 중심이 되는 아이템 지정, 셋째, 아이템으로 어떻게 돈을 벌지에 대한 수익구조 구상, 넷째, 수익구조를 진행하기 위해 필요한 자원을 선정, 다섯째, 자원을 통해 수행할 프로세스 개발까지 총 5단계로 진행합니다. 조금은 생소할 수 있는 BM에 대해 실제 사례를 통해 알아보겠습니다.

C씨는 가정주부입니다. 평소 아기를 좋아하던 그녀는 남편과 상의 끝에 저금해둔 목돈으로 놀이방을 시작하려고 합니다. 아이들이 편히 놀 수 있는 놀이방을 만들겠다는 마음은 있었지만 실제 '놀이방을 어떻게 차리고', '어떻게 돈을 벌어야 할지' 모릅니다. C씨는 비로소 좋아하는 것을 하는 것과 돈을 버는 것은 전혀 다른 행위임을 체감하게 됩니다.
C씨는 일단 자신이 잘 아는 곳에 놀이방을 차리는 것이 좋겠다는 생

각을 했습니다. 그래서 떠올린 곳이 자주 가는 대형마트였습니다. 마트에 임대료를 문의해보니 너무 비쌉니다. 게다가 장을 보러 오는 엄마들만을 대상으로 하기에는 타깃이 너무 좁다고 판단했습니다. 다음으로 알아본 곳은 집 근처 초등학교 앞. 수익구조를 위한 타깃은 해당 초등학교 1학년부터 3학년까지 저학년입니다. 한 학년에 240명 정도이니 예비 고객은 720명 정도였습니다. 그들의 부모까지 생각하면 타깃은 더 늘어났지만, 오가는 아이들이 전혀 없는 방학 때가 마음에 걸렸습니다.

C씨의 창업 아이템은 '놀이방'입니다. 그리고 BM1은 '대형마트에 입점'할 수 있는 놀이방, BM2는 '초등학교 앞'의 놀이방입니다.

	BM1
핵심가치	부모의 쇼핑을 돕기 위한 놀이방
아이템 지정	부모와 아이가 같이 놀 수 있는 놀이방이 아닌, 부모가 아이를 믿고 맡길 수 있는 프로그램이 존재하는 놀이방
수익 구조	마트와 연계하여 놀이방 이외에도 요리 강좌, 요가 강좌 등 여러 문화 강좌를 만듦으로써 수익 구조를 넓힌다.
자원 선정	마트 고객에 대한 할인 정책을 의논해 보며, 광고도 함께 낼 수 있게끔 노력해 본다.
프로세스	마트 측과 긴밀한 관계로 사업을 진행할 수 있다면 사업을 진행할 수 있겠지만, 개별적인 홍보와 프로그램은 자원에도 한계나 무리가 될 수 있기에 충분한 토의를 통해 사업의 프로세스를 확립한다.

	BM2
핵심가치	맞벌이 하는 부모를 위해 아이들이 안전하게 놀 수 있는 놀이방
아이템 지정	방과 후 아이들이 노는 장소 뿐만이 아니라 교육의 장소로 쓰일 수 있는 놀이방

수익 구조	인근 태권도 · 미술 학원 등과 연계하여 떠 있는 시간에 아이들이 놀이방을 이용할 수 있도록 조율함으로써 수익 구조를 넓힌다.
자원 선정	근처 학교 및 각종 학원들과 연계가 가능한지 사전 조사 및 준비를 하고 거기에 맞는 가격 정책을 채택한다.
프로세스	학교 및 각종 학원들과 연계해서 최대한의 고객을 확보할 수 있게 된다면 학교와 학원, 부모와 자녀 가운데서 어떠한 역할을 할 수 있을지 프로세스로써 사업성을 확립한다.

기회는 준비하는 사람에게 온다

시작이 반이란 말이 있습니다. 그만큼 시작은 중요하고, 시작을 잘못한다면 실패의 맛을 빨리 볼 수밖에 없습니다. 현실적으로 사업장을 오픈하는 것은 많은 재정을 필요로 합니다. 재력이 있어서 여윳돈으로 사업장을 오픈한다면 좋겠지만, 피와 같은 나의 돈을 투자하여 노력에 대한 보상으로 얼마의 돈을 벌 수 있을지 현실적으로 생각해야 합니다.

여윳돈이 없어 대출을 껴서 사업장을 오픈하는 경우는 더욱 심각합니다. BM에 대한 준비가 부족한 상태로 사업을 위한 대출을 하면 그 결과는 더욱 참혹하게 다가올 것입니다.

기회는 항상 우리 가운데에 있습니다. 지금 당장 좋은 입점 자리를 놓치거나 투자할 돈이 없어 기회를 놓치더라도 반드시 다음 기회가 다가올 것입니다. 중요한 점은 앞으로 기회를 잡기 위해 본인이 어떻게 준비할 것인가, 또 기회를 잡았을 때 어떻게 행동할 것인가에 대한 공부와 연구가 반드시 필요하다는 것입니다. 아이템과 입점 위치, 모두 중요하지만 그 중심에는 어떻게 수익을 올릴 것인가라는 'BM'에 성공의 답이 있습니다.

치열하게 준비하라_STP

집밥과 국밥집은 완전 다른 이야기다

오늘은 지인을 통해 한 분을 소개 받았습니다. 중년의 여성분이시고 이제까지 일한 적이 한 번도 없는 주부셨습니다.

"안녕하세요? 저는 전업주부로 15년 정도 살았습니다. 이제 애들은 어느 정도 커서 집을 비워도 스스로 생활이 가능하게 되었어요. 평소 요리를 좋아해서 요식업을 해보고자 이렇게 소개를 받고 찾아뵀어요!"

"요식업 중 무슨 메뉴를 하고 싶으신지, 혹시 자신만의 아이템이 따로 있으신가요?"

"국밥집도 생각하고 있고 족발집도 생각하고 있어요. 둘 다 제가 너무 좋아해서요. 왠지 잘할 수 있다는 느낌이 들어요."

이야기를 주고받던 저는 진지하게 그분께 조언했습니다.

"요식업은 먹는 것을 파는 일이라 많이들 쉽게 생각하세요. 하지만 이게 말처럼 쉽지 않습니다. 일단 목돈이 필요하고 메뉴에 대한 기술 문제, 마케팅 문제 등 해결해야 할 것들이 많습니다. 만약 프랜차이즈에 도움을 받는다면 지금 당장 계약금을 걸고 사업하실 수는 있어요. 하지만 무조건 사업을 시작하기보다는 하시려는 아이템 식당에서 일을 배우며 요식업에 대해 알아가는 시간이 꼭 필요합니다. 가족을 위하여 집에서 하는 요리와 돈을 벌기 위한 요리는 다르기 때문이죠."

상대방은 금세 얼굴이 빨개졌습니다. 노하우나 좋은 이야기를 듣길 원했는데 남 밑에서 일을 먼저 해보라는 이야기를 들었기 때문일 것입니다. 이를 느낀 저는 그 분을 보며 천천히 말을 이어갔습니다.

"전업 주부로 살아오신 15년의 삶이 정말 쉽지 않으셨으리라 생각됩니다. 그동안 하고 싶은 것들을 참다가 이제 막 시작하려는데, 잠시 기다려보라니 이해하기 어려울 것입니다. 하지만 15년을 참았는데 1년을 못 참으실까요? 하고 싶은 것을 하되 종업원으로 1년만 일하시면 됩니다."

깊이 고민하시던 상담자는 그 다음 주에 제 소개로 한 국밥집에서 일을 배우게 되었습니다. 지금도 자신의 꿈을 위해 계속 열심히 노력하고 있고, 때때로 전화를 하며 안부를 묻는 관계가 되었습니다.

전업주부로 가사 일을 하시는 분들 중 이 여성분과 같은 생각을 정말 많이 하실 것입니다. '집에 있는 것도 너무 힘들고 애들도 다 컸으니 좀 투자를 해서 내가 좋아하는 옷 가게를 하나 차리고 싶다.', '애들이 유치원에 있을 시간에 내가 하고 싶은 것도 하고 돈도 벌게 작은 커피숍을 오픈해볼까?' 등의 생각들 말입니다. 이런 생산적인 생각 자체는 참 좋습니다. 이런 꿈과 희망들을 통해 활력을 찾을 수 있고 도전하는 삶의 자세를 만들 수 있기 때문이죠. 다만 꿈을 현실로 실현시킬 때에는 냉정하게 자신의 평가하시길 바랍니다. 내가 그 아이템에 대해 얼마나 전문성을 가지고 있는지 말이죠.

320개의 핫도그를 혼자 만들 수 있을까

최근 몇 년 동안 유행하고 있는 핫도그의 점주님과 미팅 시간을 가졌습니다.

"경기도 안 좋은데 요즘 어떻게 지내셨어요?"

"뭐 불경기 아닐 때가 있었나? 점점 힘들어지고 있지만 어떡하겠어, 열심히 해야지."

"이번에 본사에서 핫도그 가격을 올린 걸로 알고 있는데, 얼마나 올랐나요?"

"본사에서 오리지널 핫도그만 빼고 다 올리라고 해서 평균 300원 씩 올렸지. 이제 알바도 못쓰고 아내랑 둘이 일하고 있어."

사장님은 원가 상승과 인건비 상승이 이번 가격 정책에 크게 반영되었다 합니다. 오리지널 핫도그는 여전히 1,000원이지만, 옵션이 추가되는 핫도그는 평균적으로 300원씩 올라 판매가격이 약 1,800원이었습니다. 가장 저렴한 메뉴가 1,000원이고 그 다음 메뉴가 1,800원이니 800원이라는 가격 차이가 꽤 커 보였습니다. 손님의 유동과 메뉴 주문 상황을 보니 제 예상에 1인당 객 단가는 1,600~1,700원 정도였습니다.

불경기를 이기기 위해 사장님은 하루에 12시간 이상을 일하고 계셨고, 그의 사모님도 피크타임 때 짬짬이 나와서 일을 돕는다고 했습니다. 사장님은 이리저리 최대한 아껴도 가장 문제되는 것은 역시 임대료라고 했습니다. 실제 핫도그 집의 적정 매장 크기는 5~10평정도로 작지만 유동인구가 많은 곳에 매장이 위치해야 하기 때문에 평균 100만 원에서 많게는 200만 원까지 임대료를 지불하는 매장도 있었습니다. 매장 점주님과 대화를 하며 저는 업장의 경영상황을 계산해보았습니다.

○○핫도그 경영분석

① 최저가의 메뉴는 1,000원이고, 그다음 메뉴는 1,800원, 최고가의 메뉴는 2,500원이다.

② 현장 상황과 포스를 참고하여 1인당 객 단가는 1,600원으로 정한다.

③ 이 매장의 경우 노른자 입지의 8평 매장으로 임대료는 180만 원이다.

④ 한 달 총 매출을 1,500만 원으로 계산하였을 때 하루 매출은 적어도 50만 원이 나와야 한다.

⑤ 하루 50만 원의 매출을 기록하려면 하루 약 320개의 핫도그를 판매해야 한다.

⑥ 1,500만 원에서 임대료, 매장관리비, 원재료 및 자재비를 포함했을 때 최소 700만 원 이상은 될 것이다.

⑦ 한 달 800만 원의 수익 중 인건비를 제외한 나머지를 가게의 수익으로 본다.

계산으로는 간단하지만 과연 이대로 이뤄질 수 있는 것인지가 관건이었습니다.

오후 12시에 문을 열어 밤 10시까지 운영하니 총 10시간의 운영시간. 점심 2시간 30분, 저녁 2시간 30분이 피크타임으로 총 5시간이라 볼 수 있다.

① 오픈 이후 피크 전까지는 반죽 등 장사 준비를 하고, 8시 이후에는 마감 청소와 다음날 사용할 재료를 손질한다고 했을 때에 이 인원으로 하루에 과연 320개 핫도그를 팔 수 있을 것인가?

② 과연 모든 인건비를 제외하고 가게의 순수익은 100~200만 원이 될 수 있을까?

③ 만약 수익을 내고 있다면 투자비용에 대해 합당한 수익을 올리고 있는 것인가?

확실한 타깃 설정이 만든 메가 히트

앞서 말씀드렸던 국밥 가게를 차리고 싶지만 국밥에 대해 아무것도 모르고 고민하시는 분의 이야기나 핫도그 사장님과의 대화에서 시작된 제 생각들은 장사의 소재는 다르나 결정적인 맥락은 같습니다. 아이템을 정했다면 그 다음 스텝을 철저히 준비해야 한다는 것입니다. 첫 번째 스텝은 'STP 전략'입니다.

STP이란 시장세분화(Segmentation, 정해진 아이템에 대해 타겟 시장을 정하고 원하는 시장을 더욱 세밀화해서 그것에 대해 조사하는 단계. 타당성 조사, 유동인구 체크), 타깃팅(Targeting, 시장세분화를 통해 타깃을 결정짓는 단계), 포지셔닝(Positioning, 정해진 아이템이나 브랜드에 대해 타 업체와 다른 차별성을 두어 가치를 더하는 단계)의 앞 글자를 딴 약자로 어떠한 사업을 계획하고 실행할 때, 그 실행을 어떻게 할 것인가에 대한 계획입니다.

좀더 자세히 설명하면 시장세분화는 소비자의 니즈(needs), 인구통계,

지리요인, 소비자의 생활 유형 등을 분석하는 행위를 말합니다. 이들을 판단하기 위해서는 객관적이고 정확한 정보 파악과 분석이 필요합니다. 이때 주관적인 판단으로 마음에 드는 곳에 좀더 후한 점수를 주면 절대 안 됩니다. 시장세분화를 세밀하게 진행하다면 그 다음 과정인 타깃팅은 보다 쉽게 정할 수 있습니다. 그리고 경쟁 업체와 다른 가치 및 차별성을 부각시켜 기업의 가치를 올리면 됩니다.

대표적인 STP전략의 성공 사례로 꼽히는 것이 '앙팡우유'입니다. 앙팡우유는 90년대에 출시해서 빅히트를 친 브랜드 우유입니다. 당시 우유시장은 인구가 증가세였기 때문에 소비량은 증가하고 있었지만 그 증가세는 매우 둔화되고 있었습니다. 더 이상 시장의 확대를 기대할 수 없는 포화된 시장이었죠.

앙팡우유가 런칭된 94년 이전 우유 소비량

연도	1975	1980	1983	1986	1989	1990	1991	1992	1993	1994
소비량	4.6	10.8	18.24	27.81	38.73	42.8	43.2	43.2	45	47.1

* 소비량 연간 1인당 소비 kg / 농수산부 1994년 통계

서울우유는 이 난관을 헤쳐나가기 위해 철저히 시장조사와 타깃팅 연구를 진행했습니다. 서울우유가 주목한 것은 당시 사회 분위기였습니다. 당시 국민 소득의 증가로 웰빙과 고급화가 유행하기 시작했고, 음식에 대한 시선이 배를 채우는 것에서 질과 맛을 충족하는 것으로 변화하고 있었습니다. 서울우유는 이런 분위기 속에서 '아이'라는 타깃을 찾

게 됩니다. 그리고 '아이 전용' 우유 '앙팡우유'를 기획해 시장에 내놓았습니다. 이전에는 아이든 어른이든 구분없이 마시는 게 우유였지만 '아이 전용 우유'를 개발하고 그 안에 아이의 성장, 두뇌 발달에 좋은 성분을 함유시켰습니다. 그 결과 앙팡우유는 대성공을 거두었습니다. 이는 둔화된 시장 상황을 민감하게 받아들이고 이를 돌파하기 위해 정확한 타깃팅을 했기 때문입니다. '아이'라는 타깃을 설정한 순간 타 업체와 차별이 되었고 성공할 수 있는 발판이 되었던 것이었습니다.

어디에 집중할 것인가_SWOT

망하는 자리에서 버틴 츄로스 가게

집 근처에 있는 츄로스 가게 사장님은 40대 중후반의 남자로, 화장품 업계에서 오랫동안 마케팅 일을 하셨습니다. 이 가게의 위치는 초등학교 근처지만 구석지고 크기도 작아서 많은 가게가 고전했던 위치였습니다. 실제로 2년 동안 3번이나 가게가 바뀌었었죠. 그런데 이 츄로스 가게는 오랫동안 자리를 지키고 있었습니다.

"동생, 오랜만이네. 내가 화장품 마케팅을 하다가 정리를 하고, 이 가게를 만든 이유를 말했던가? 아이들 때문이었어. 내가 좀 젊어 보이긴 해도 애가 세 명이나 되거든."

"아, 그러세요?"

"응, 월급쟁이 월급으론 안 되겠더라고. 그래서 내 사업을 시작했지. 동생도 이쪽에서 일해서 알지? 사업에서 마케팅이 얼마나 중요한지."

"그럼요. 마케팅이 중요하죠."

"나는 모든 사업군에서 가장 돈을 많이 쓰는 사람이 아기를 가진 엄마라고 생각했어. 우리집 애가 크면서 더욱 확신하게 되었지. 그래서 이 가게를 내면서 미리 전략을 짰었지. 알려줄까?"

사장님은 대답도 듣기 전에 펜을 들더니 종이에 무엇인가 적기 시작했습니다. 적은 쪽지를 내밀며 이게 바로 매장을 오픈할 때 큰 도움을 받았다는 STP전략이라고 소개하셨습니다.

츄로스 가게 사업계획서

- BM : 츄러스 사업
- STP :

① 상권 분석: 동네 상권을 분석한 결과 다수의 밥집이 있으나, 값싼 디저트가 있는 매장은 존재하지 않는다.

② 시장세분화: 성공적인 사업을 위해 어떤 시장을 대상으로 해야 할까?

③ 타깃팅: 나는 세 자녀를 두고 있다. 그리고 초등학생이다. 다행스럽게도 이 초등학교 앞에는 이렇다 할 카페나 모임 장소가 존재하지 않는다.

④ 포지셔닝: 그렇다면 츄러스와 핫도그 등의 메뉴를 테이크아웃 할 수 있는 매장에 엄마들이 아이들의 등교 후 이야기를 나눌 수 있도록 편한 테이블과 의자를 놓고 맥주와 식음료도 팔아보자.

츄로스 가게 사장님은 이런 전략을 바탕으로 무사히 오픈했고, 많은 변수들을 미연에 방지했지만 전혀 예상치 못했던 돌발상황들 때문에 여러 고비를 맞기도 했다고 하셨습니다.

"사장님, 어쨌든 방학은 주기적으로 반복되는데 어떻게 버티셨나요?"

"그 부분은 아직 방법을 찾는 중이야. 신 메뉴로 동절기 방학 때 핫도그를 런칭해보기도 하고, 여름에는 저가 음료를 판매해보기도 했는데, 타격을 최소화하는 방법일 뿐 돌파할 방법은 아직 찾지 못했어."

방학이라는 변수를 미리 생각하지 못한 것이 결론적으로는 실수라 생각되지만, 미리 알았더라도 아이템과 장소가 정해진 이런 상황에서 이 이상 타격을 최소화시키기는 힘들었을 거라는 것이 사장님의 생각이었습니다.

SWOT을 통해 방학을 극복하라

사장님의 말씀을 듣고 저는 사장님이 STP전략은 효율적으로 이용했지만 SWOT를 이용하지 않았던 것이 결정적으로 아쉬운 점이라 느껴졌습니다. STP전략과 함께 SWOT를 같이 활용했다면 방학시즌에 대한 대비를 미리 할 수 있었을 뿐더러 더 많은 변수들을 제거했을 수 있었을 거라고 생각했습니다.

여기서 SWOT이란 업장의 내부적인 환경을 분석하여 강점과 약점을 발견하고, 외부환경을 분석하여 기회와 위협을 찾아내는 마케팅 전략을 말합니다. 강점(Strength), 약점(Weakness), 기회(Opportunities), 위협(Threats)의 앞자를 줄인말로 4가지의 상황과 요인을 분석하여 마케팅 전략을 세웁니다. 이 분석 방법의 장점은 타 경쟁 기업과 미리 비교하여 강점으로 인식되는 것이 무엇인지, 약점이 무엇인지 미리 파악하여서 기회요인과 위협요인을 찾는 데에 있습니다. 또한 가장 큰 장점은 기업의 내부 및 외부 환경 변화를 동시에 파악할 수 있다는 점입니다.

이 SWOT의 분석법을 사용하여 츄로스 가게의 강점과 약점을 파악하여 기회와 위협요인을 찾아보면 다음과 같습니다.

츄로스 SWOT 분석결과

강점(Strength)	약점(Weakness)
경쟁력 있는 가격 계절을 타지 않는 상품 유행을 타지 않는 상품	저가 상품으로 박리다매해야 함 계절, 기획 상품이 아니라 임팩트가 약함 학교 방학 시 매출 타격 우려
기회(Opportunities)	위협(Threats)
학부모 유치를 통한 주류 판매 업장 주변 카페가 없음 '사랑방'과 같은 분위기를 낼 수 있음	무엇을 파는 곳인지 경계가 모호해 질 수 있음 저가 상품으로 객 단가가 떨어질 수 있음 안정적인 매출 확보가 어려움

우리는 언제나 보이는 매출에만 집착하고 그 주변 기회 요인들이나 불안 요소들에 대해서는 생각하지 않을 때가 많습니다. 사실 눈에 잘 들오지가 않는 것들이죠. 돈과 직결된 것이기에 그렇습니다. 그래서 저는 SWOT을 통한 자신의 업장을 분석하는 것을 적극 권합니다.

SWOT 분석은 단순히 나의 업장 상태를 분석하는 것에서 끝나지 않습니다. 명확하게 분석된 내용을 보면 어떤 사업주라도 스스로 개선할 점을 발견할 수 있습니다. 평소 미처 보지 못했던 것, 보지 않으려 했던 것을 확인함으로써 더욱 성과를 올릴 수 있고 불안 요소까지 제거할 수 있습니다.

장사는 잘 되어도 문제이고 잘 되지 않아도 문제입니다. 장사가 안 될 때는 물론 매출이 수직 상승을 해도 언젠가는 떨어질 것이라는 불안감을 가지고 일하게 됩니다. 이러한 자세는 어느 순간 자신감을 떨어뜨리고, 결국 우려가 결과로 이어지는 상황이 되곤 합니다.

이때 필요한 것이 바로 마케팅입니다. 마케팅에 대해서 어렵게 받아들이실 수도 있겠지만, 마케팅은 절대 어렵지 않습니다. 그저 가게가 더 잘되기 위한 방법이자 해야 할 일이라 생각하면 됩니다. SWOT 분석을 했다면 다음의 전략 수립법을 참고하여 마케팅을 진행하면 됩니다.

SWOT 분석을 통한 SWOT 전략 수립법

구분	기회(O)	위협(T)
강점(S)	SO전략: 강점을 가지고 기회를 살리는 전략	ST전략: 강점을 가지고 위협을 최소화하는 전략
약점(W)	WO전략: 약점을 보완하며 기회를 살리는 전략	WT전략: 약점을 보완하며 위협을 최소화하는 전략

그럼 수립법을 토대로 츄로스의 SWOT 분석에 따른 마케팅 전략을 수립해보도록 하겠습니다.

① SO전략: 가격 경쟁력이 있는 것은 츄로스 업장의 가장 큰 장점입니다. SNS와 전단지 홍보를 통해서 최대한 많은 학부모들이 편히 이 공간을 이용할 수 있도록 노력한다면 더 큰 매출을 올릴 수 있을 것입니다.

② ST전략: 계절을 타지 않는 상품이지만 학교 방학 시 매출 타격 우려가 예상됩니다. 업장의 대표 메뉴인 츄러스 말고도 안주 종류의 치킨과 감자튀김 등 가성비 좋은 제품들을 개발해 방학기간동안 배달제도를 도입합니다.

③ WO전략: 메뉴의 가격이 저렴해서 많이 팔아야 하는 부담이 있지만 업장 주변의 카페가 없어 지역 주민들의 니즈(Needs)가 있기에 충분히 매출이 가능합니다. 소책자 홍보와 바이럴 마케팅과 같은 마케팅 수단을 통해 동네 상권을 확보할 수 있도록 노력합니다.

④ WT전략: 메뉴의 가격들이 대체적으로 저렴하여 객 단가가 떨어질 수도 있습니다. 세트메뉴를 구성하여 남녀노소 모두 즐겁게 먹을 수 있는 기획 상품을 만든다면 더 많은 수익을 창출 할 수 있고 자연스럽게 객 단가도 오를 것입니다.

츄로스 가게의 사례를 바탕으로 독자분들도 현재 운영하고 있는 매장이나, 운영할 매장에 대입하여 전략을 수립해보기를 추천합니다. 처음에는 쉽지 않겠지만, 몇 번의 시도를 한다면 분명한 성과가 있을 것이라 생각합니다.

이기는 습관_4P

BM정하기부터 STP전략 세우기, SWOT수립까지 총 3단계가 제가 강조하는 매장 마케팅의 기초 3단계입니다. 저 또한 수많은 시행착오를 겪고 나서야 이 공부들이 사업에 얼마나 큰 힘을 발휘하는지 알게 되었고, 막연히 사업을 시작하는 것이 아닌 철저한 조사를 바탕으로 사업을 준비하는 것이 시장과의 싸움에서 이기는 방법이라는 것을 깨달았습니다. 전문용어라 어렵게 느껴질 수 있으나 사실 가만히 생각해보면 독자분들도 이미 삶을 통하여 습득하셨지만 단지 이론으로 정리되지 않은 상태였을 것입니다.

준비가 되지 않는 상황에서 갑작스런 돌발 상황이 펼쳐지면 마음이 무너지거나, 당장 앞에 펼쳐지는 일들 때문에 시야가 좁아질 수 있습니다. 오직 자신의 매장 또는 사업을 지킬 수 있는 것은 자신의 믿음이고 준비해온 자료를 바탕으로 한 실력이라 생각합니다. 돈을 벌건 잃건 모든 결과의 책임은 자기 자신이 지게 됩니다. 장사가 되지 않아 빚이 생기더라도 사업장의 자리를 안내해준 공인중개사가 그 책임을 지지 않을 뿐더러 해당 프랜차이즈 본사도 책임을 지지 않습니다.

우리는 모든 과정을 스스로 준비하고 연구해야 합니다. 이러한 과정을 통하여 자신에 대한 스스로의 신뢰가 쌓여야 도전을 즐길 수 있고 그 결과를 받아들일 수 있고 충분히 평정심을 갖고 바라볼 수 있습니다. 믿음은 충분한 시간과 경험, 연구를 통해 생기는 것입니다. 충분한 준비로 성공을 만끽하시기를 바랍니다.

실패와 성공은 종이 한 장 차이

"사장님! 잘 지내셨나요? 2달 만에 뵙는 것 같은데, 별일 없으셨죠?"

"휴. 요즘 힘이 많이 드네요. 재작년 보다 작년이 더 힘들었고, 작년보다 올해가 더 힘든 것 같아요. 이제 1월인데 이렇게 힘들어서야 어떻게 버틸지 모르겠어요. 전체적인 소비가 많이 줄게 되면서 외식 계열은 치명타를 입었어요. 매출이 줄고 있는 상황에서 최저임금과 세금은 오르고, 식재료 비용까지 오르게 되어 정말 어려운 시기입니다."

오전 10시 Q카페 사장님과 나눈 대화입니다. 오픈을 준비하는 시간은 오늘의 일을 기대하는 시간인데, 출근과 함께 다운되어 있는 사장님을 좀더 깊게 이해하기 위해 화제를 바꾸어 대화를 이어가기로 했습니다.

"사장님! 혹시 카페를 운영하기 전에는 무슨 일하셨어요?"

"아, 어디서부터 이야기해야 하지? 사실 제가 외식업을 시작한지 꽤 오래 되었어요. 한 15년 정도 되었나? 처음부터 커피숍을 했던 것은 아니고요, 서울에 있던 큰 프랜차이즈 음식점에서 점장 일을 먼저 했었지요. 음식점은 저희 집안 어르신 소유였고 운영해달라는 부탁을 받은 뒤 제가 뛰어들어 젊은 시절을 거기서 보냈어요."

"그러셨어요?"

"네, 집안 어르신이 매장 경영이 어려워지면서 다시금 살려보기 위해 저에게 레스토랑을 맡기셨는데 지금에서 생각해보면 인공호흡기를 씌워 놓고 누워서 몇 년 더 사는 그런 기분이었어요. 아무 것도 모르는 상태에서 사업에 뛰어든 나머지 많은 시행착오가 있었죠. 그 때 당시 집에도 못 들어가고 매장에서 쪽잠을 자며 일했으니 나름 젊은 시절 최선을 다해 살긴 했던 것 같아요."

"사장님, 그러면 혹시 매장을 살리기 위해 무엇을 하셨는지 기억이 나시나요?"

"음, 매장을 살리기 위해 진짜 이것저것 다 해봤죠. 메뉴를 리뉴얼하고, 신 메뉴를 만들고, 원가율을 떨어뜨리기 위해 로스를 줄이고, 인건비를 줄이기 위해 정말 최소한의 인력을 썼어요. 하지만 아시듯이 외식 계열은 주기적으로 트렌드가 바뀌잖아요. 그 흐름에 민감히 대처해야 하고 어떤 면에서는 트렌드를 선도해야 돈을 벌 수 있는데 그러지 못했죠. 업장을 몇 년 더 운영할 수 있었던 것이 최선이었어요."

"그래도 그런 경험이 있으시니 여기까지 오신 것 아니겠어요?"

"말이라도 감사해요. 어쨌든 운영하던 가게는 문을 닫게 되었어요. 그리고 일을 하던 직원들은 다 뿔뿔이 흩어지게 되었고요. 연락하고 지내는 직원이 어느 정도 있었는데, 지금은 뭐하면서 지내는지 연락이 뜸하네요. 폐업한 가게에서 제가 갖고 나온 것은 여기 있는 기물이에요. 커피 머신과 접시, 컵 등 모두 바리바리 챙겨들고 와서 여기에 매장을 차리게 되었죠. 레시피도 그 때 업장에서 쓰던 레시피에요. 정말 열심히 하던 시절도 있었는데 세상이 너무 빨리 변하다 보니 거기에 따라가는 게 지치고 힘들다는 생각이 절로 드네요."

한 번 사업을 시작하신 분들은 대부분 계속 사업을 이어가십니다. 종목이 어찌되었든 자신이 하고 싶은 일을 주도적으로 해 나아갈 수 있는 사업의 묘미에 푹 빠지는 것이 그 이유라 생각합니다. 하지만 다른 사업보다도 외식업의 경우에는 메뉴 트렌드의 흐름이 정말 빨리 바뀌어 항상 민감하게 그 흐름을 파악하고 있어야 하고 빠르게 반응해야 합니다. 하지만 사람의 특성상 환경에 적응하게 되면 다른 곳에 눈을 두지 못하고 안정을 취하게 됩니다. 그것이 사람의 본성이자 당연한 모습입니다. 또한 사람이 나이 드는 것은 당연한 현상이고, 길게 보았을 때 그 감각이 둔화되는 것은 어쩔 수 없는 현상이기에 우리는 자신을 너무 채찍질하거나, 부정적으로 생각할 필요가 없습니다. 우리는 매일 무너집니다. 그리고 좌절합니다. 하지만 그 속에서 '이기는 습관'을 가지면서 매일 새롭게 도약할 수 있어야 합니다.

저 또한 많은 실패를 겪었습니다. 하지만 그것을 꼭 실패라 여기지 않고 과정이라고 생각하니 상처를 덜 받게 되었습니다. 실패를 겪는데 상처받지 않으니 주변 사람들도 당황해 했지만, 저는 성공과 실패는 종이 한 장 차이라고 생각했습니다. 하지만 그 실패가 습관이 된다면 종이 한 장 차이가 점점 커져 성공과 멀어질 것이라고 생각합니다. 우리는 빨리 이기는 습관에 대해 알아가야 합니다. 저번까지 함께 나누었던 마케팅의 기본 과정을 넘어 이제는 마케팅 4P를 업장에 적용하며 저와 함께 이기는 습관을 알아가 보시기 바랍니다.

마케팅의 정수, 4P

우선 마케팅 4P는 마케팅에서 가장 중요하며, 가장 기본이 되는 용어 중 하나입니다. STP와 SWOT 이전에 업장의 아이템 및 서비스의 특징을 파악하기 위해 4P 전략 분석이 기본이 되어야 하지만, 외식업의 특성상 4P를 마지막 순서에 두게 되었습니다. 4P는 제롬 메카시 교수가 제안한 전략 수립 방법입니다. 많은 기업들이 이 전략을 사용하여 실무적인 마케팅을 하고 있는데, 업장을 처음 오픈하시거나 마케팅을 처음 접하시는 분들께는 4P 중심으로 마케팅을 계획해보는 것이 무척 좋을 것이라 생각합니다.

제품(Product)

4P의 첫 번째는 제품입니다. 제품이란 재화 혹은 서비스로 고객에게 전달되어 이용하게 될 어떤 것이라는 의미를 갖고 있습니다. 빵을 만든다고 했을 때 빵의 맛과 모양, 색과 냄새들의 요소로 어떻게 제품을 생산할 것인가 레시피를 구성하고 판매 전략을 짤 것입니다. 제품의 핵심 요인은 내가 만들고 싶은 것을 만드는 것이 아니라, 시장(소비자)이 원

하는 제품을 만드는 것이므로 소비자가 원하는 제품이 무엇인지 파악해야 합니다. 빵집 사장이 자신이 좋아하는 빵만을 만든다면 그 매장은 반드시 문을 닫게 될 것입니다. 중요한 것은 손님을 위한 빵을 만드는 것입니다. 그러기 위해서는 반드시 시장조사(STP)가 되어야 하고 그 정보를 바탕으로 수립하는 것이 제품과정이라 말할 수 있습니다.

가격(Price)

100만 원의 가치와 노력으로 빵을 만들었다 하더라도 정말 100만 원을 받는다면 소비자들은 등을 돌리게 될 것입니다. 이처럼 가격을 정한다는 것은 단순하게 얼마에 팔릴지, 또한 얼마를 받고 싶은지를 의미하지 않습니다. 우리는 이제 가격에 대해서 어떠한 가격으로 시장에서의 입지를 잡을지 고민해야 합니다. 시장에 진입하기 위한 가격의 전략은 세 가지 상황으로 나눌 수 있습니다.

첫째 업장의 아이템이나 서비스가 혁신적이고 새로운 시장을 개척할 수 있을 때. 이때에는 많은 개발비와 위험이 있기에 고가격화 전략을 써도 될 것입니다. 예를 들어 선도적인 도전으로 한식 뷔페의 길을 열었던 C그룹의 '계절밥상'이 있습니다. 계절밥상은 고가격화 전략으로 프리미엄 한식 뷔페의 이미지를 만들었습니다. 그다음 이를 참고하여 E기업에서 런칭한 '자연별곡'이라는 한식 뷔페가 있었습니다. 계절밥상보다는 가격이 다소 낮은 편이었습니다. 선도하지 못했고 가격도 낮았던 후발 주자는 프리미엄의 느낌을 내기가 힘들게 되었습니다.

둘째로는 업장의 아이템이나 서비스가 이미 시장에 충분히 공급되고 있지만 제품에 대해 확고한 인지도가 구축되었을 때 높은 가격을 받을 수 있습니다. 예를 들어 요즘은 커피숍 건너 커피숍을 볼 수 있습니다. 그만큼 시장 안에 커피숍은 충분하지만 스타벅스라는 커피 브랜드는 높은 가격을 받음에도 항상 잘되는 커피 브랜드 중 하나입니다. 왜일까요? 그 브랜드 자체가 의미가 있기 때문입니다. 그 상징성이 확고한 시장기반을 구축하고 있다고 보면 맞을 것입니다.

마지막 셋째는 이미 시장에 같은 아이템이나 서비스가 충분할 때의 저가격 정책을 쓸 수 있다는 것입니다. 다시 말씀드리면 충분히 많은 경쟁사가 있고 경쟁 제품 간의 차이가 없을 때 저가격 정책을 써야 합니다. 만약 해장국집 옆에 해장국집이 생겼을 때 손님들은 맛이 비슷하다면 가격이 낮은 것을 선택하므로 가격 조정이 필요합니다.

유통(Place)

유통은 자신의 아이템 및 서비스를 유동인구 많은 곳에서 팔아야 할지, 아니면 한가한 곳에서 팔아야 할지 선정하는 단계입니다. 대체적으로 유동인구가 많은 곳은 그만큼 임대료가 비쌉니다. 그래서 회전이 빠른 음식이나 테이크아웃점이 유리할 것입니다. 한가한 장소를 검토하는 기준은 어디에 있을까요? 식사를 하는데 다소 많은 시간이 걸리거나 조리하는데 시간이 걸리는 음식을 말합니다. 오리백숙처럼 흔히 말하는 '가든'이 이와 같은 예라고 말할 수 있습니다.

홍보(Promotion)

홍보는 제품을 판매하려는 기업과 제품을 구매하는 소비자 간의 대화입니다. 요식업을 예로 들면 사장님과 손님간의 만남이라 말할 수 있습니다. 홍보에는 TV, 라디오, 잡지, 전단 등의 광고 수단이 있을 것이고, 프로모션 할인과 샘플 증정 등 다양한 촉진 방법으로 구매를 유도할 수 있습니다.

저희 집 앞에는 한 마카롱집이 있습니다. 정시에 열긴 하지만, 마카롱을 다 팔면 가게 문을 닫습니다. 나름 이것도 전략이라 볼 수 있습니다. 또한 이 매장은 가격적인 측면에서도 소비자를 배려했다는 생각이 듭니다. 시중에 판매되고 있는 마카롱은 대략 2,000~3,000원 정도의 가격대로 형성되어 있는데 이 매장에서는 큰 사이즈임에도 1,500원입니다. 홍보 측면에서도 나무랄 데가 없습니다. 오프라인 매장뿐만이 아니라 온라인 매장도 확보해 재고 부담 없이 장사하기 때문입니다.

오프라인 매장만 했다면 매출 압박을 받았을 텐데, 나름의 해소 전략이라고 느껴졌습니다. 4P의 마케팅 법칙이 모두 잘 들어맞은 아주 좋은 업장이라고 생각되었습니다. 오늘도 이 매장은 온라인 마케팅을 통하여 선주문 된 제품 이외의 한정된 제품을 판 뒤, 다 팔면 문을 닫고 그 다음날 영업을 준비합니다. 하루 팔 양만 소비자들에게 제공하니 프리미엄 효과를 주는 것도 사실입니다. 가격 경쟁력도 있고, 맛도 있습니다. 더 이상 나무랄 때가 없이 마케팅이 잘 된 업장이라 느껴졌습니다.

카페 이야기를 시작으로 마케팅 4P에 대해 나누어 보았습니다. 이기는 습관이란 이기는 생각에서 비롯됩니다. 이기는 생각은 성공에 대한 갈망으로 시작되었다고 말씀드릴 수 있습니다. 성공은 철저한 준비 속에서 이뤄지는 것입니다. 가격을 정하는 방법에도 여러 방법이 있고, 상품을 정하는 방법에도 여러 방법이 있습니다. STP, SWOT 이 모든 과정을 통하여 작게는 상품의 종류와 가격이 책정되고 크게는 업장의 미래가 판가름 될 것입니다.

매장의 사소한 모든 것이 마케팅 거리다

업장 운영에 있어서 마케팅과 영업은 정말 큰 영향력을 발휘합니다. 죽었던 가게를 살리고, 그 살아난 매장을 최고의 매장으로 바꿔주는 것이 바로 마케팅과 영업입니다. 지금까지 이론을 정립하는 시간이었다면 이제부터는 제 경험에 비추어 마케팅과 영업에 대해 조금 더 구체적인 이야기를 나누려 합니다.

메뉴판부터 바꾸자

제 아내는 최근에 한 SNS 매체를 통해 일명 핫하다는 '새우장'을 구매했습니다. 외관 케이스를 보니 15년 경력의 요리사가 만든 제품인 것을 알 수 있었고 유기농 식재료를 사용한 프리미엄 반찬이라는 광고로 많은 수익을 올리고 있는 업체라는 것을 알 수 있었습니다. 나중에서야 알게 되었지만(아내가 혼날까봐 가격을 숨겼습니다)입이 벌어질 정도로 제품 가격이 비쌌습니다. 하지만 매일 만드는 상품은 금세 품절되고, 기획 상품 또한 품절 행진을 이어간다고 했습니다. 저는 집에 들어와 비싼 걸 샀다고 잔소리하며 못이기는 척 새우장을 먹어보았습니다. '적당한 간과 맛으로 건강할 거 같은데?'라는 생각이 은연중에 들었습니다. 이 제품의 성공 비결은 무엇일까요?

마트에 가면 가격표 옆에 '특가 세일', '마지막 세일' 등의 문구를 볼 수 있습니다. 이번 주가 마지막 세일이라던 제품은 그 다음 주에 방문 해도 여전히 마지막 세일을 하고 있습니다. 주류 와인 코너에는 상품 아래 별(★)표시가 되어 있습니다. 산미와 단맛, 바디감 등에 대한 내용 을 별표로 표시한 뒤 그 아래에는 상품에 대한 인기도나 '특가 세일'이 라는 상표가 붙어 있습니다. 와인 코너에 있어보면 사람들은 자연스럽 게 특가 세일 제품 중에서 자기 기호를 찾아보고 구매하는 것을 볼 수 있습니다.

되돌아가서 매번 매진이라고 말하는 '새우장'의 브랜드를 의심하거 나 폄하하려는 것은 아닙니다. 하지만 '매진 임박' 및 '매진 상품'이라는 홍보 자체가 사실이 아닐 수 있을뿐더러, 마케팅 전략일 가능성이 큽니 다. 잘 팔리는 상품일수록 더 큰소리로 홍보하는 법입니다. 소비자는 무 엇을 살지, 무엇을 먹을지 항상 고민합니다. 그런 고객에게 우리는 맞춤 홍보를 해야 하는 것입니다.

한 레스토랑을 방문한 적이 있습니다. 메뉴판을 보니 그 업장의 이름 을 딴 파스타가 있었고, 나머지 메뉴는 흔히 볼 수 있는 파스타였습니다. 업장 이름을 딴 파스타가 유독 눈에 띈 것은 선호도가 별로 표시 되어 있었기 때문입니다. 아내와 함께 그 음식을 시키고 또 다른 파스타도 시켰습니다. 나온 음식을 먹으며 별이 많건 없건 맛에는 별로 영향을 끼치지 않는다고 생각했습니다.

그러나 이 메뉴 옆에 별을 단순한 스티커에 불과하다고 할 수는 없습니다. 메뉴판은 그 매장의 얼굴과 다름없습니다. '별'을 잘 사용하신다면 손님에게는 좋은 선택을 할 수 있는 기회로 느껴질 것이고, 매장을 운영하는 사장님들께는 메뉴를 계획적으로 회전시켜 자재 관리나 원가 관리에 더욱 신경 쓸 수 있을 것입니다.

제 지인 D사장이 운영하고 있는 레스토랑의 메뉴판에는 별 표시가 아닌 '특가 상품'과 '인기 상품'으로 나누어져 있습니다. 야채 종류나 해산물 같은 신선도를 요하는 상품은 인기 상품으로 지정하여 더욱 이목을 끌어 원활한 식재료 관리를 하고 있습니다. 또한 특가 상품은 신선도를 잃기 직전 상품들을 사용하는 제품으로 상황에 맞춰 바꾸고 있었습니다. D사장님의 장점은 특가와 인기 상품을 남발하지 않고 균형 있게 정하여 전 메뉴 15가지 중 특가 상품은 1가지를 채택하고, 인기 상품은 2~3가지 상품으로 한정짓는 전략을 사용하고 있다는 것이었습니다. 마케팅의 전략도 중요하지만 이런 균형감각과 나름의 규칙을 정하여 매장을 운영하는 것이 포인트입니다.

사소한 것 하나가 그 매장의 큰 무기가 될 수 있고, 성공의 발걸음이 될 수 있습니다. 당장 메뉴판을 꺼내 보시기 바랍니다. 메뉴판이 없다면 벽에 붙은 메뉴판도 좋습니다. 그리고 별 스티커를 사서 나름의 규칙, 원칙을 정한 뒤 붙여보시기 바랍니다. 분명 소비자들은 오너가 원하는 상품을 주문하게 될 것입니다.

카드 손님 대환영

경제가 여느 때보다 좋지 않습니다. 자영업이나 사업을 하시는 분들만 느끼는 문제가 절대 아닙니다. 직장생활을 하는 월급쟁이도 힘들긴 마찬가지입니다. 내야 할 세금은 많아지고 고용에 대한 불안감이 높아지고 있습니다. 40대 직원에게 희망퇴직을 바라는 회사는 점점 많아지면서 자연스럽게 정년까지 일할 수 있다는 희망은 없어지게 되었습니다. 실제로 제 주변에서도 "나도 조만간 저 할아버지처럼 폐지를 줍게 되겠지?"라고 말하는 친구들을 심심치 않게 볼 수 있었습니다. 그만큼 소비가 죽어있고 경제가 침체되어 있는 현실 속에 우리는 장사를 하고 있으니 그 고단함은 더욱 배가 될 것이라 생각합니다.

"여기는 카드 안 받아요."라고 말하는 가게들을 심심치 않게 볼 수 있습니다. 또한 카드로 결제를 한다고 하면 한 손으로 카드를 받고 결제한 뒤 카드를 던져서 주는 경우도 보았습니다. 십중팔구 세금과 카드에 대한 수수료 때문에 그럴 것입니다. 쓰는 이에게는 편하지만 사업주들한테는 고통스러운 카드 사용을 우리는 어떻게 받아들여야 할까요?

B씨는 4년차 공무원입니다. 결혼하고 얼마 되지 않아 냉장고가 고장 나서 전자마트에 방문하게 되었습니다. 아내는 500만 원짜리 냉장고에 꽂히게 되었습니다. 싼 게 비지떡이라고 값싼 냉장고를 샀다가 너무 쉽게 고장 났기 때문에 이제 비싼 걸 써야한다고 합니다. 또한 냉장고가 레시피도 알려주고 IOT기능도 있어서 생활에 편리할 것 같다는 이유에서 그 냉장고 앞을 떠나지 않습니다. 하지만 월급쟁이가 사기엔 비싼 가격 때문에 고민합니다. 결국 매장에서 진행하는 카드 할부 프로모션에 맞춰 카드로 구매합니다. 목돈이 있는 경우는 현금으로 살 수 있지만, 전자마트를 방문해서 500만 원을 현금이나 체크카드로 결제하는 경우는 드물 것입니다. 이런 면에서 카드는 사람들의 소비를 돕고 있다고 볼 수 있습니다. 사업주 입장에서 카드를 무조건 나쁘게 볼 수 없다는 것입니다.

또 한 가지 예는 카지노에서 찾아볼 수 있습니다. 카지노에 가게 되면 가장 먼저 하는 것은 게임이 아니라 현금을 칩으로 바꾸는 것입니다. 칩은 자신이 현금을 쓰고 있다는 사실을 망각하게 합니다. 그래서 조금 더 쉽게 사용하게 됩니다.

카드는 실제로 소비자가 느끼는 가격 부담을 덜어주는 역할을 합니다. 무조건 카드를 사용하는 것이 좋다고는 말씀 못 드리겠지만 반대로 카드 때문에 장사가 되지 않는다, 또는 카드 때문에 장사가 힘들다 또한 말이 되지 않습니다. 왜냐하면 소비자들은 카드 덕에 더 많은 소비를 할 수 있기 때문입니다.

카드 손님도 소중한 손님입니다. 당장의 카드 수수료가 아깝다거나,

세금을 어떻게 해보려는 생각을 버리고 카드 손님도 소중하게 여겨야 합니다. 즉, 제가 말씀드리고자 하는 것은 '카드 손님에 대한 예의를 다시 세우라'라는 것입니다. 현금 손님과 카드 손님을 동등하게 여기고 똑같이 서비스해야 합니다. 절대 카드 손님이라고 부가세를 추가적으로 더 받거나, 반대로 현금 손님에게 금액을 할인해 주는 일은 없어야 할 것입니다.

직원은 곧 매장의 얼굴이다

제가 대학생 때의 이야기입니다. 자취 생활로 인해 항상 배고팠던 저는 친구로부터 뷔페에서 하는 홀 서빙 알바를 추천받았습니다. 수, 목, 금요일 저녁 아르바이트로 그릇 치우는 일이었는데 20대 홀 서빙 1명과 이모님 1명이 한 조를 이루어 일을 하게 되었습니다. 그런데 출근하는 첫날 이상한 일을 겪었습니다. 같이 홀 서빙을 하는 이모님께서 남은 잔반을 처리하시며 깨끗하게 남은 음식은 따로 챙기는 것이었습니다. 피크타임이 끝나고 그 이모님께서는 접시에 챙기신 음식을 자랑스럽게 가리키면서 깨끗하니 먹으라는 것이었습니다. 그때 당시에는 물론 맛있게 먹었습니다. 너무 맛있게 먹었고, 챙겨주시는 이모님을 좋아했습니다. 하지만 그 이후로 이모님을 비롯하여 여러 직원 분들과 학생들이 음식을 그렇게 처리하기 시작했습니다. 처음에는 음식을 따로 담아서 피크타임이 끝나고 먹었으니 티는 나지 않았지만, 좀더 대담해져서 이제는 접시를 치우며 남아있던 초밥이나 튀김 등을 손님이 있건 없건

간에 손으로 집어 먹기 시작했습니다. 계속되던 직원들의 행동을 결국은 손님들이 보게 되었고 업장 내 큰 클레임으로 이어지게 되었습니다.

나중에 직원관리와 교육의 중요성에 대해서 말씀드리겠지만, 직원의 이러한 행동 하나하나들은 업장 영업에 큰 문제를 초래합니다. 직원은 곧 사장이며, 그 매장의 얼굴인데 이러한 일이 일어나게 된다면 소비자는 매장에 어떤 인상을 갖게 될까요? 직원은 매장의 얼굴입니다. 외식업에서의 직원교육은 크게 서비스, 용모, 마인드로 나뉩니다.(4장에서 다룰 예정입니다) 흔히 소규모 업장이 바쁠 때에는 일당으로 일하시는 분들을 고용할 때가 있습니다. 바쁘니까 어쩔 수 없다고는 하지만 교육이 되지 않은 직원의 퉁명스럽고 불친절한 서비스 때문에 업장을 방문한 손님은 불쾌함을 느끼게 될 것입니다. 매장에서 한 시간이든 하루든 일을 하려면 직원 교육 매뉴얼이 있어야 하고 교육된 직원들은 항상 친절로 손님을 대하는 것이 직원 마케팅의 핵심입니다.

사과도 마케팅이 될 수 있다

친구들과 함께 2018년의 마지막 날을 기념하기 위해 인천에 있는 G돈가스 전문점에 모이게 되었습니다. 기분 좋은 날이어서 그런지 먼저 와서 기다리는 시간마저 즐겁습니다. 친구들이 다 도착한 후 각기 다른 돈가스를 7개 시키게 되었습니다. 15분쯤 지났을 즈음 주문했던 돈가스가 차례대로 나왔습니다. 하지만 6개가 나오고 나머지 1개는 나오지 않는 것이었습니다.

"저기요. 음식이 하나 안 나왔는데 확인 좀 해주시겠어요?"

직원이 황급히 주방으로 달려갔다 옵니다.

"튀김기 특성상 돈가스가 한 번에 6개밖에 못나오기 때문에 1개는 10분 정도 뒤에 나옵니다. 조금만 기다려주세요."

말도 되지 않는 황당한 소리입니다. 딱 10분이 걸려 음식이 나오더군요. 물론 그 말이 맞을 수도 있겠지만 제 느낌에는 음식 주문이 누락되었던 것으로 밖에 이해되지 않았습니다. 나중에 매니저를 통해 물어 확인한 사실이지만 해당 직원이 당시 실수를 모면하기 위해서 거짓말을 둘러댄 것이었습니다. 나름 이 매장을 자주 이용했었는데, 직원의 잘못된 행동으로 인해 다시는 찾지 않게 되었습니다.

제가 점장 일을 하며 겪었던 일입니다. 주문이 들어온 음식을 주방에서 만들고 있는데, 홀에서 '쨍그랑'하는 소리와 함께 비명소리가 들렸습니다. 황급히 홀에 나가서 확인해보니, 서빙에 서툴렀던 직원이 갈비탕을 옮기다가 그만 손님 상 앞에서 엎지른 것이었습니다. 다행히 손님께서는 화상을 입지는 않았지만 옷이 젖었습니다. 손님이 어느 정도 이해해주셨지만, 직원은 이미 당황한 표정이 역력했습니다. 저는 우선 고객님께 사과드렸습니다.

"선생님, 정말 죄송합니다. 얼마나 놀라셨겠습니까? 괜찮으시다면 저희가 바로 세탁 맡겨드리도록 하겠습니다. 식사하러 오셨는데 불편을 드려 진심으로 죄송합니다."

"직원 교육을 잘하셔야 하는 것 아닌가요?"

저는 그 자리에서 직원을 불러 다시 손님께 사과시키고, 이어 저도 다시 사과의 말씀을 드렸습니다.

"해당 직원에게 서비스에 대해 충분히 설명하겠습니다. 그리고 세탁비와 식사비는 모두 무료로 제공해드리도록 하겠습니다."

"아니, 뭐 일하다 보면 실수 할 수도 있지요."

그 손님은 이후에도 몇 번이나 더 오셔서 식사하신 기억이 있습니다. 제 대응이 어떻게 보면 과했을 수도 있지만 피해를 끼친 것에 대해서 정중한 사과와 합당한 대응을 한다면 소비자들은 그 행동에 호감을 느끼게 될 것입니다.

우리 모두 언제나 실수를 할 수 있습니다. 물론 실수를 하는 것이 잘했다 말하는 것은 절대 아닙니다. 하지만 서빙을 하다가 바쁜 나머지 컵을 깰 수도 있고, 조리과정에서 의도치 않게 이물질이 들어갈 수도 있습니다. 고의로 한 행동은 큰 잘못이지만, 단순 실수에 대해서는 해당 고객에게 충분히 사과드리고 보상한다면 신뢰관계를 더욱 쌓을 수 있다고 생각합니다. 항상 겸손함과 진실함으로 손님을 대한다면 손님은 그 마음을 느낀다는 것이 실수 효과의 내용입니다.

사소한 스티커 하나가 매장을 바꿀 수 있다는 것, 카드에 대한 활용으로 매출을 올릴 수 있다는 것, 직원 교육이 마케팅을 좌우한다는 것, 제대로 된 사과도 마케팅이 될 수 있다는 것! 사소한 것 하나가 마케팅이 될 수 있고 매장 성공을 좌우할 수 있습니다.

정해진 수량만 판다

마케팅의 주된 기술 중 하나는 제품에 대한 기대가 품질에 영향을 준다는 기대 이론입니다. 맥주를 차가운 잔에 마시게 되면 쌓인 피로가 순식간에 날아갑니다. 테이크아웃 잔으로 마시는 커피보다 머그잔에 마시는 커피가 풍미 있게 느껴집니다. 또한 평범한 접시보다 도자기에 먹는 음식이 더욱 맛있게 느낄 것입니다. 같은 음식인데 왜 이렇게 다르게 느껴질까요?

못 먹는 감이 가장 맛있다

지금 시장은 수요보다 공급이 많아지게 되었습니다. 김밥집이든 빵집이든 우리가 원하는 것이 생길 때에 핸드폰으로 조금만 찾아보면 모든 것을 합리적으로 구매할 수 있습니다. 하지만 공급이 수요보다 적다면 어떤 현상이 일어날까요? 끌어당김 현상이 일어나게 됩니다. 사람들은 공급이 부족한 제품에 더 끌어당김을 느끼게 됩니다.

오늘은 아내와 일본식 가정백반집인 K식당에 방문하게 되었습니다. 저녁 7시 즈음 갔는데, 벌써 만석입니다. 식사하러 왔는데 얼마나 기다려야 되냐고 물었더니 재료 소진으로 오늘 장사는 끝났다고 합니다. 아내랑 내일 오기로 약속하고 다음날 다시 방문했습니다. 전날보다 30분이나 일찍 갔는데 벌써 장사가 끝났다고 합니다. '얼마나 맛있길래?'라는 생각과 함께 일종의 오기마저 생기게 되었습니다. 세 번째 날은 무조건 먹어봐야겠다고 생각하고 6시에 방문했습니다. 결국 삼고초려 끝에 일본가정식을 먹게 되었습니다. 제가 현지에서 일본가정식을 체험해 본 것은 아니지만 한국인 입맛에 맞는 일본음식이라 표현하면 맞을 정도로 딱 상상했던 그 맛이었습니다. 요리사는 호텔에서 쓰는 긴 조리모를 쓰고, 흰 조리복을 입고 있었습니다. 누가 보아도 깨끗한 이미지로 느껴질 수밖에 없었습니다. 가게가 마케팅을 참 잘하고 있다는 생각이 들었습니다. 요리사를 통해 사람들에게 신뢰감을 주고 또한 공급이 부족하다는 사실을 강조함으로써 잘나가는 매장의 이미지를 만들고 있었습니다.

손님과 밀당하기

제가 일하는 동네에 위치한 H짬뽕은 6,000원에 고기짬뽕을 먹을 수 있는 집으로 항상 대기 줄이 깁니다. 바쁜 업무로 인해 구경만하고 지나갔는데, 오늘은 가게 안에 손님이 별로 없습니다. '때는 이때다!' 저는 기대를 잔뜩 하고 짬뽕을 먹었습니다. 옛날 말에 소문난 잔치에 먹을 것이 없다고 들었는데 딱 그 표현에 맞는 평범한 맛이었습니다. 불맛이 조금 더해졌을 뿐 그 이상도 이하도 아닌 맛이었습니다. 그런데 3시가 좀 지났을 무렵 갑자기 가게 문을 닫았습니다. 그리고는 브레이크타임이라고 손님들에게 식사 끝난 분은 편하게 나가시면 된다고 말한 후 사장님은 떠나시는 것이었습니다. 약간은 무관심하면서 어느 정도 손님과 줄다리기하는 느낌이 드는 이 업장을 보며 여러 가지로 흥미로운 감정들이 생기기 시작했습니다. 혹시 이것이 잘나가는 매장을 만드는 방법이 아닌가 생각되었습니다.

희소성의 법칙, 끌어당김의 법칙을 이용하여 손님을 끌어오는 것은 매우 중요한 마케팅 방법 중 하나입니다. 손님을 끌어오는 방법에는 바이럴 마케팅이나 블로그 등을 포함하여 여러 마케팅 수단이 존재할 것입니다. 하지만 앞서 말씀드린 H짬뽕집은 조금 평범한 맛일지라도 입구에서 계속 불쇼를 해대는 바람에 손님들은 맛있는 음식이라 느끼고 장사가 잘되는 집으로 인식하게 하여 업장을 재방문하게 합니다. 그리고 브레이크 시간이 되면 과감하게 문을 닫습니다. H업장처럼 불쇼라는 구경거리를 만들고 브레이크타임을 갖는 업장은 소비자들 머리에 강하게 각인될 것입니다. 그렇다면 일본 가정식 K식당의 비결은 무엇일까요? 바로 요리사의 긴 조리모와 단정한 요리복입니다. 단정한 요리복을 입음으로써 동네상권에서 프리미엄 이미지를 만들고 있었고 H업장과 비슷하게 영업시간을 조절하여 잘나가는 매장 이미지를 스스로 만들어 나가고 있었습니다.

이미 마케팅에 대해 독자 분들께서 더 많이 아시는 부분도 있으실 테고, 오랜 경력과 삶으로써 체험하신 분도 있을 것입니다. 하지만 사업은 영업이자 홍보이기에 이 내용들은 여러 번 반복해도 부족함이 없다고 생각합니다.

저도 현장에서 일할 때에는 이 내용들을 망각하고 매일 반복되는 생활 속에서 배움의 재미와 중요성을 잃은 적도 있었습니다. 또한 슬럼프를 겪으며 꽤 오랜 시간 동안 내 자신의 일에 최선을 다하지 않았던 부끄러운 시절이 있었음을 고백합니다.

시간은 우리를 기다려 주지 않습니다. 그렇기 때문에 우리는 다가올 '그때'를 위해 충분히 연습과 노력을 해야 합니다. 쉽지 않은 장사 생활 속에서 마케팅을 통해 새로운 재미와 활력을 찾아가시길 염원하겠습니다.

★ 부동산 체크리스트

부동산 체크리스트를 공유해보겠습니다. 창업을 준비하시거나 이미 업장을 운영하시는 분들도 체크를 하지 않으셨다면 필히 한번 해보시기 바랍니다.

① 우선 점포 계약 시 체크해야 할 것은 등기부 등본입니다. 건물이 매매가 되거나 경매가 되었을 때 임차인이 보호를 받을 수 있는지 확인할 수 있습니다.

목차	내용	체크
갑구 [소유권]	가등기, 가압류, 매매 예약 등을 확인했는가? 유자에 있어 건축물대장이 동일한지 확인했는가?	
을구 [소유권 이외]	저당권, 전세권 설정이 되어 있는지 확인했는가?	

② 그 다음 체크해야 할 것은 건축물 대장입니다. 특히 창업 시 공사 후 영업 허가가 나지 않는다면 큰 낭패를 볼 수 있기에 꼼꼼히 체크를 해보아야 합니다.

목차	내용	체크
소유자	등기부 등본 소유주와 동일한가?	
위반 건축물	공사 전 정확한 내역 확인 후 임대 부분과 대조하였는가?	
소재지 주소	구도심, 집합건물에 있어 디테일한 호수를 확인하였는가?	
면적	계약 면적과 대장 면적이 동일한지 확인하였는가?	
건물 용도	2종 근린생활인지 확인하였는가?	
정화조 체크	구도심의 경우 정화조 문제가 많은데 이를 확인하였는가?	

③ 업장 경영에 있어 제일 큰 비용을 지불하는 것은 임대료입니다. 그렇기에 임대료로 지급된 목돈 보호는 경영의 시작이 됩니다. 상가임대차보호법은 영세한 임차인들에 대한 권리를 보장해 주고 과한 임대료 인상을 막아주는 법을 말합니다. 많은 사장님들께서 놓치시는 부분은 상가에 대해서는 모든 임차인이 보장을 받는다고 생각하시는데

현실은 조금 다릅니다.

> 대항력 요건 = 건물인도(거주) + 사업자등록(해당 주소 세무서)
> 보증금 반환 요건 = 건물인도(거주) + 사업자등록(해당 주소 세무서) + 확정일자

아래의 공식에 따라 여러분 매장의 환산 보증금을 계산해 보기 바랍니다. 참고로 환산 보증금에 대한 모든 금액을 환급 받기는 사실상 쉽지 않습니다.

> 환산 보증금 = 보증금 + (임차료*100)

④ 상가임대차보호법의 적용범위에 대해 알아보겠습니다.

지역	환산 보증금 범위
서울	3억 원 이하
과밀억제권역(서울시 제외)	2억 5천만 원 이하
광역시(과밀억제권역, 군 제외) 김포, 안산, 용인, 광주	1억 8천만 원 이하
그 밖의 지역	1억 5천만 원 이하

여러분들은 어디까지 보장을 받고 계신가요? 금액적인 보상 이외에도 우선 변제력, 최우선 변제권 그리고 임차권 존속력 등의 권리를 갖게 됩니다. 마지막으로 아래에 나의 환산 보증금과 적용 금액을 적어 보기 바랍니다.

> 나의 환산 보증금 =
>
> 나의 적용 금액 =

4장

고전하는 사장님을 위한 장사 컨설팅

오픈 시간은 고객과의 첫 번째 약속

영업시간은 손님과의 약속

매장 앞에 서면 가장 크게 보이는 것이 2가지 있습니다. 업장의 이름과 매장 운영시간입니다. 운영시간을 문 앞에 붙여 놓는 이유는 무엇일까요? 오실 손님들이 참고하시라고 붙여 놓는 것일까요? 아닙니다. 문을 열고 닫을 때 나와의 약속을 다시금 상기시키기 위해서입니다.

D카페의 오픈 시각은 9시 30분. 모닝커피를 마시기 위해 9시 30분에 D카페를 찾았지만 문은 굳게 닫혀있습니다. '어떻게 된 일일까?' 나름 애정이 있는 카페이기에 늦는 알바생을 조금 더 기다려보기로 마음먹었습니다. 5분이 지났을까요. 알바생은 택시에서 내려 헐레벌떡 매장 문을 엽니다.

"죄송합니다. 손님! 많이 기다리셨나요?"

죄송한 듯 연신 고개를 숙이는 젖은 머리를 보니 십중팔구 늦잠을 자서 5분을 지각하게 된 것입니다.

"괜찮으니 준비되시면 커피 한 잔 주세요."

다음날. 저는 모닝커피를 마시기 위해 다시 D카페를 찾았습니다. 오늘도 카페는 어둡습니다. 게다가 오늘은 매장 문이 잠겨있지 않습니다. 평소에 가깝게 지내는 업장의 사장님이어서 전화를 했습니다.

"사장님. 커피 마시러 왔는데 아직 오픈은 안 한 상태인데 문이 열려 있네요. 문제가 발생했을 수도 있으니 CCTV를 한번 돌려보시는 것도 좋을 것 같아요."

전화가 끝나고 1분이 채 지났을까 직원이 택시에서 내려 헐레벌떡 문을 열기 시작합니다. 시계를 보니 9시 32분이었습니다.

9시 32분에 매장에 왔던 직원이 잘못한 것일까요? 아니면 직원관리 잘못한 사장님이 잘못한 것일까요? 제 답은 100% 사장님의 잘못입니다. 업장 운영시간이 9시 30분이라는 것은 9시 30분에 문을 여는 것이 아니고 9시 30분부터 손님을 맞이할 수 있도록 준비가 되어 있어야 하는 것입니다. 평균적으로 카페의 경우 적게는 15분, 길게는 30분 정도의 오픈 시간을 가지는 것이 적당합니다. 음식점의 오픈 시간은 평균 1시간에서 길게는 2시간 정도 전에 이루어져야 합니다.

살다보면 갑작스러운 일로 오픈이나 마감을 맞추는 것이 불가능할 때도 있지만, 이런 경우를 대비해 만반의 준비를 해 놓는 것이 손님에 대한 약속이며 예의입니다. 매장 운영시간을 명시해두었다면 그 시간에 맞춰 죽어도 가게에서 죽고 살아도 가게에서 산다는 생각으로 최선을 다하는 하루를 보내야 합니다.

장사의 실력은 지구력입니다. 1~2분 늦게 여는 것을 손님들이 모를까요? 미리 준비하고 정해진 오픈시간에 맞춰 손님을 맞이한다면 그 정성을 손님은 모를까요? 손님은 다 알고 있습니다. 절대 모르지 않습니다. 항상 정성을 다해 업장시간을 준수하고 힘들 때도 지키는 연습을 해야 합니다. 지구력! 이것이 장사의 시작이자 끝입니다.

업무태도는 직원과의 약속

오늘도 점장은 피크타임이 지나도록 사무실에서 홀로 나오질 않습니다. 매장 총괄 매니저였던 저는 힘들었던 피크타임을 끝내고 사무실로 쫓아갔습니다.

"김 점장님! 월말이라 여러 서류 일로 바쁜 것은 알지만 너무한 것 아닙니까?"

점장은 헐레벌떡 사무실에서 나오며 침을 닦습니다. 매장에서 가장 바쁜 피크타임에 잠을 잤던 것이었습니다. 기가 막힐 노릇이었습니다. 점장은 연거푸 미안하다 했지만 이번이 처음이 아니라는 듯 아래 직원들은 모두 눈을 흘기며 자기 할 일들을 하기 시작합니다. 직원생활을 해보신 분들께서는 아실 겁니다. 이 점장이 걸린 병은 일명 '점장병'입니다. 자신이 관리하는 업장에서 '최고가 되었다' 생각하고 부하 직원만 고되게 굴려먹고 자신의 소임을 다하지 않는 관리자를 빗댄 말입니다. 이런 점장병은 점장들만 겪는 것이 아닙니다.

제가 W미트에서 생산과장으로 일할 때였습니다. 사실 직함만 생산 과장이었지 신생 기업이기에 처음부터 끝까지 손이 안가는 일이 없었 습니다. 생산을 하며 마케팅부터 시작해서 영업, 하물며 제품 사진까지 찍어야 하는 입장이었습니다. 또한 거래처 확보를 위해 영업을 담당하기도 했습니다.

어디에서 어떻게 영업해야 할지 모르던 시간이었지만 많은 노력 끝에 고기 무한리필 체인점에 항정살을 납품하게 되었습니다. 항정살은 취급하기가 쉽지 않은 부위 중 하나입니다. 기름이 많아 부패가 빨리 진행되고 신선도가 급격히 떨어져 고기의 색이 빠르게 변하기 때문입니다.

많은 회의 끝에 리스크가 있지만 당장에 일이 없으니 항정살을 납품하기로 결정하였습니다. 당시 고기 뷔페가 유행하던 때라서 거래처는 작업이 되는 대로 물량을 맞춰달라는 파격 주문을 했습니다. 그야말로 기회였습니다. 저와 직원들은 작업실에서 쉴 없이 항정살 작업을 하게 되었습니다. 고기의 비계를 잘라주는 스캐너의 도움 없이 오로지 칼로 작업을 해서 많은 물량을 맞췄습니다. 물량을 맞추기 위해 당시 직원들 모두 손목부터 허리까지 온몸에 파스를 붙이고 일했습니다.

"사장님은 도대체 어디 있는 거야! 바빠 죽겠는데!"

사장님의 부인까지 나와 물량을 맞추기 위해 일하는 판국에 사장님은 한 달째 작업 시간 내내 보이지 않았습니다. 근처 술집에서 술을 마신 것입니다. 고작 5명의 직원들이 일하는 회사에서 사장님이 일하지 않고 놀기만 하니 직원들은 모두 사기가 떨어졌습니다. 당연히 일의 능

률과 제품의 질도 떨어지게 되었습니다.

열심히 일하는 직원 뒤에서 업무 태만을 보여주는 사장님의 모습은 결국 폐업과 연결되었습니다.

많은 점장님들이 '점장병'을 겪듯 사장님들도 '사장병'을 겪습니다. "내 회사인데 내가 뭘 하든 어때서!"라고 말하실 수도 있고 "내가 급여를 주고 직원을 고용했기 때문에 무조건 시키는 것은 당연한 거야! 일이나 하면 되지, 뭔 상관이냐."라고 말할 수 있을 것입니다. 맞습니다. 소정의 급여에 대해 직원들은 감사함으로 일해야 함은 틀림없고 정해진 시간에 일을 마쳐야 하는 것도 당연하다 생각합니다. 하지만 사장님들이 일 잘하는 직원을 좋아하고, 자기 일을 알아서 잘 찾아 하는 직원을 좋아하듯 직원들도 리더십 있고, 모든 직원들에게 모범이 되는 사장님을 좋아합니다. 그리고 그런 사람 아래서 일을 하고 배우길 원합니다. 직원들은 열심히 일하고 돈을 벌기 위해 사장님과 계약을 하고 입사하듯 사장님들도 대표의 입장에서 솔선수범해서 직원들의 노력에 결실을 맺어주는 것이 의무가 아닐까 생각합니다.

가장 중요한 것은 나 자신과의 약속

고객과의 약속, 직원과의 약속도 중요하지만 제일 중요한 약속은 바로 나 자신과의 약속입니다. 각자의 스타일에 맞춰 어느 사장님께서는 '성실하게 일하겠다.'라고 자기 자신과 약속하실 수도 있겠고 다른 사장님께서는 '항상 현실에 안주하지 않고 도전하겠다.'라고 약속하실 수 있을 것입니다. 그리고 그 목표를 향해 나아갈 것입니다.

저 같은 경우에는 나를 믿고 우리 가게를 방문하는 손님들을 위해 항상 긍정적인 에너지를 고객에게 주자는 목표를 갖고 있었습니다. 그래서 제가 한 일들 중 첫 번째는 인사였습니다. 아무리 바쁘더라도 고객의 눈을 응시하며 미소로 손님을 맞이하였습니다. "어서 오세요.", "좋은 하루 되세요."라는 인사 한 마디가 뭐 그리 중요할까 싶지만, 앞서 말씀드렸듯이 첫인상과 마지막인상은 고객들의 재방문율을 40%나 높입니다.

A씨는 오늘도 8시에 출근하기 위해 7시 30분에 R카페에 갑니다. 커피를 가지고 나서는 그에게 카페 직원이 외칩니다.

"좋은 하루 되세요."

이 인사가 바로 A씨를 아침마다 이 카페에 오게 하는 이유입니다. A씨는 카페 직원의 인사 덕분에 하루를 기분 좋게 시작한다며 감사의 인사를 전했습니다. 제가 카페를 운영할 때 있었던 실화이자 지금은 가까운 지인으로 지내는 A씨와 기분 좋은 일화입니다. 이처럼 나의 에너지가 누군가에게는 큰 힘과 희망이 될 수 있다는 마음을 가지고 우리는 좀 더 책임감을 갖고 일을 해야 한다 생각합니다.

제가 업장을 운영하며 가장 경계했던 생각 중 하나는 '약속은 깨지라고 있는 거지.'라는 말이었습니다. 그리고 이런 생각을 말로 하는 사람들 중 십중팔구는 자기와의 약속을 너무 쉽게 생각하고 쉽게 깬다는 것입니다. 다시 생각해 보면 과연 손님, 직원 그리고 나와의 약속 중 어느 것 하나 중요하지 않은 것이 있을까요? 작게는 출근시간부터 크게는 리더의 업무 태도까지 매장에서 지켜야 하는 약속들은 정말 많을 것입니다.

때로는 사장과 리더라는 위치가 매우 외롭기에 혼자 모든 것을 감당하는 것이 힘들 수 있습니다. 하지만 이 장애물을 넘지 않고는 더 이상의 발전은 없다고 생각합니다. 한판 승부의 시작은 약속을 지키는 것부터 시작됩니다. 고객과의 약속! 직원과의 약속! 그리고 자기 자신과의 약속! 이 3가지의 약속을 성실히 지킨다면 분명 성공을 이룰 수 있을 것입니다.

주방관리가 손님관리다

주문 후 5~10분 만에 먹기 좋게 음식들이 손님상에 올라옵니다. 좋은 음악과 함께 외식하는 그 순간이 음식점을 방문한 고객들에게는 좋은 추억이자 삶의 보람일 수도 있습니다. 그 순간 주방은 어떨까요? 이런 곳이 지옥인가 싶을 정도로 치열하고 바쁘게 돌아갑니다. 단 하나의 벽으로 손님들과 요리사들의 시간은 극명한 차이를 보입니다.

흔히 요리사들은 '남들이 일할 때 일하고, 남들이 쉴 때 일하는 직업'이라고 말합니다. 그래서인지 사장으로서 주방의 직원들을 컨트롤하기란 참으로 어렵습니다. 이미 너무 힘들어 보이기 때문에 더 이상의 말을 못하는 것일 수도 있고, '혹시나 기분이 상하여 갑작스럽게 퇴사하진 않을까?'라는 마음이 들기 때문입니다.

주방 분위기가 맛을 좌우한다

"야, 이 개새끼야! 빨리 빨리 안 움직여? 쳐 빠져가지고."

제가 일했던 주방에서 입사와 함께 처음 들었던 말이었습니다. H스시집의 O과장은 직원들에게 욕하는 것으로 하루를 시작합니다. 자신은 주방 총책임자라는 이유로 힘든 일들은 아래 직원들에게 맡기고 자신은 주방에서 담배를 피며 직원들을 핀잔만 줍니다. 매의 눈으로 직원들을 쳐다보다 작은 실수라도 하면 때를 기다렸다는 듯 욕을 날립니다.

다행히 요리사에 대한 사회적 시선이 많이 좋아졌다 하더라도 그 시선 너머 주방 안에서는 아직도 비인격적인 일들이 자행되고 있습니다. 남자 직원이 있는 업장에서만 행해지는 일도 아닙니다. 흔히 말하는 '주방 이모' 사이에서도 이런 일들을 쉽게 볼 수 있습니다. 주방에서의 악습들이나 잘못된 위계질서들은 아래 직원들의 심리적인 위축으로 끝나지 않습니다. 악습과 위계질서가 매장에 어떤 영향을 주는지 알아보도록 하겠습니다.

첫 번째로 주방 안의 잘못된 위계질서는 직원의 잦은 퇴사로 이어집니다. 경력 직원도 새로운 업장에 처음 출근하여 어느 정도 적응할 때까지는 약 3달의 시간이 걸립니다. 주방 기술의 특수성 때문입니다. 1명에게 약 250만 원의 월급을 지급한다면 3달이면 750만 원의 비용이 발생합니다. 물론 3달 동안 직원이 노는 것은 아니지만 3달 이후부터 제 역할을 할 수 있기에 적응 기간에 퇴사하면 투자한 비용은 잃는 것입니다. 단순 계산으로도 충분히 알 수 있듯이 직원의 잦은 퇴사는 매장의 경영에도 상당한 영향을 줄 수 있습니다.

두 번째로는 주방 안의 권위주의적인 위계질서는 팀워크를 혼란스럽게 합니다. '미꾸라지 한 마리가 강물을 흐린다.'라는 이야기를 익히 들으셨을 것입니다. 주방에선 혼자 일하는 경우도 있지만, 대부분의 업장은 2명 이상의 인원으로 운영합니다. 혼자서 일하는 것이 아니기에 그만큼 분위기가 중요합니다. 긍정적인 분위기에서는 능률이 높은 반면 분위기가 좋지 않다면 서로가 눈치를 보며 최대한 일을 하지 않으려고 합니다. 괜히 트집을 잡히지 않기 위해서죠. 이런 분위기에서 어떡하든 주문은 처리하겠지만, 음식의 질이 높을 리 없습니다. 왜냐하면 욕만 안 먹으면 될 뿐 최선을 다하는 것은 사치라고 생각하기 때문입니다. 주방의 긍정적인 분위기는 손님에게 최고의 식사로 이어집니다. 그리고 최고의 식사는 손님의 재방문으로 이루어지기에 경영에도 큰 영향을 끼친다고 생각합니다.

주방의 기본 중 기본은 위생

쿡방을 필두로 하여 요리사의 전성기가 오면서 소비자들은 단순히 맛에만 집중하는 것이 아니라 요리를 하는 과정에도 관심을 두게 되었습니다. 이러한 분위기는 자연스럽게 오픈 주방(오픈 키친) 형식으로 이어져, 소위 잘나가는 가게들은 어느 정도 주방을 개방하게 되었습니다. 하지만 아직도 청결과 위생에 대해 민감하지 않은 요식업종이 있으니 그것은 '배달 업장'입니다. 배달 업장이 무조건 더럽고 관리 안 하는 곳은 아니지만, 손님이 방문하여 먹는 홀이 있는 매장보다는 어쩔 수 없이 청결과 위생에서 떨어질 수밖에 없습니다.

"자장면에서 신맛이 나!"

아내가 전화했습니다. 직장에서 점심으로 시킨 자장면이 평소와 다르게 신맛이 난다며 직원들이 요리사인 저에게 물어보라고 한 것이었습니다. 사실 저도 중식을 해본 경험이 없기에 업계 선배님께 문의하게 되었습니다.

"형님, 아내가 자장면을 먹는데 신맛이 난다고 하네요. 식초도 안 넣었는데 말이죠. 중식에서 식초를 쓰기도 하나요?"

"어제 쓴 자장에 새로운 자장을 부어 썼구먼. 자장이 남으면 버리거나 따로 소분하여 이상이 없을 때만 다음 날에 사용해야 하는데 확인도 안하고 그냥 섞어 쓴 거야. 그럼 당연히 음식이 쉬게 되지."

음식만큼 선입선출의 영향을 많이 받는 것은 없을 것입니다. 주방에서 선입선출을 한다는 것은 식자재의 신선도를 신경 쓰는 것이고 유통기한 규정을 지키는 행위라 볼 수 있습니다. 또한 최고의 신선도를 유지함으로써 맛에도 기여합니다.

어느 날 한 지인 사장님으로부터 전화 한 통이 왔습니다.

"저번에 유통기한 단속 조심하라고 하셨는데, 제가 미처 냉장고 깊숙히에 있던 식품을 보지 못해 단속에 걸리게 되었습니다. 싹싹 빌어봤지만 결국 영업정지를 받았어요. 진작 정리할 걸! 결국 이 사단이 났네요."

"사장님, 한 달 푹 휴가 다녀오신다고 생각하세요. 이미 벌어진 일을 이제 와서 어떻게 할 수 있는 것도 아니고요. 좋게 생각하시고 다시는 이런 일 겪지 않으시면 돼요."

평평 우시며 말없이 통화한 1분이 어찌 그리 길던지, 겪어본 사람만 아는 아픔이라 생각했습니다.

옛날에는 요리에 파리가 들어있으면 그냥 항의를 하고 끝났지만, 지금은 사진을 찍어 SNS에 올리거나 해당 관청에 신고를 하는 시대입니다. 그만큼 청결과 위생은 요식업의 필수사항으로 매출에도 지대한 영향을 끼칩니다. 요리하며 "너희 가족이 먹는다고 생각하고, 정성들여 요리하라"는 말을 참 많이 듣고 했습니다. 소비자를 내 가족처럼 생각하고 항상 정성을 다해야하는 것이 요리사로서의 본분이라고 생각합니다.

관심으로 아끼는 주방 비용

"매니저님, 본사에서 가스비를 30만 원 아껴보랍니다."
E기업 외식사업부에서 일할 때 얘기입니다.
"아니, 현장에서 정말 힘들게 일하고 있는데 지원은 못해줄 망정 가스비를 30만 원이나 아끼라니!"
한 달 매출이 약 5천만 원이었던 매장으로 물세와 전기세 등 매장 유지비는 얼마 나오지 않았지만, 한식의 특성상 가스비 지출이 많았습니다. 화구가 20개 정도였고, 냉면 전문점이기에 항상 냉면 가마에 불이 들어와 있어야 했습니다. 이런 상황에서 가스비를 줄일 방법은 냉면 가마의 가스 사용량을 줄이는 방법밖에 없었습니다.

'냉면집에서 냉면 가마를 꺼둘 수도 없고 어떻게 가스비를 40만 원으로 줄이지?' 한참 동안 고민했습니다.

첫 번째로 실천했던 것은 오픈과 동시에 가마 물을 받고 끓였던 것과 다르게, 소량의 물을 받고 기존 시간보다 조금 늦게 불을 켰습니다. 그리고 피크타임과 비피크타임을 나누어 불의 세기를 조절하고 평소에 무심하게 넘어가던 일들에 대해 하나하나 신경을 쓰기 시작했습니다. 이런 노력으로 첫 달 70만 원이던 가스비가 50만 원으로 줄고 둘째 달이 되자 40만 원으로 떨어졌습니다. 가스를 특히 많이 쓰는 한식 매장에서 어떻게 그리 절감할 수 있냐며, 타 브랜드에서는 혀를 내둘렀지만, 이것은 단순한 '관심'의 차이였음을 결과로 말할 수 있었습니다. 처음에는 해보지 않아서 몰랐지만 조금 귀찮더라도 할 수 있는 것이 각종 비용 절감입니다.

A레스토랑의 오너 쉐프가 오픈을 준비하며 음식물 쓰레기를 20리터 넘게 버립니다.

"사장님, 음식물 쓰레기가 왜 이렇게 많아요? 어제 저녁에 손님이 엄청 많으셨나 봐요."

"아니요. 제가 손님이 많이 올 줄 알고 프랩(미리 음식을 준비하여, 소분해 놓는 것) 작업을 해 놓았는데 그만큼 손님을 받지 못해 준비한 음식을 다 버리게 되었어요. 비용 절감을 위해 주방 인원을 줄이다 보니 일손이 부족해 손님이 많이 올 것에 대비한 프랩 작업을 하게 되었는데 인건비만큼 로스 비용과 음식물쓰레기 처리 비용이 나오는 것 같아 걱정이에요."

A레스토랑처럼 프렙을 버리게 되는 경우 외에도 유통기한이 넘어서 식자재를 제대로 보관하지 않아서 등 음식물을 버리는 경우가 허다합니다. 식자재는 음식점에서 큰 비용입니다. 이렇게 버려지는 것은 그만큼 손해를 보고 있다는 것이죠.

이런 점을 개선하기 위해서는 앞서 가스비 절감에서 말했듯 관심을 가져야 합니다. 음식을 전문적으로 하는 요리사라면 단순히 음식의 퀄리티를 신경 쓰는 것뿐만 아니라 주방 경영도 신경써야 합니다. 유통기한이 관리가 되지 않는다면 식자재 발주를 다시 배워야 하는 것이고 무분별한 프렙 작업으로 식재료를 버리게 되면 월별, 주별로 매출 추이를 분석하여 예측과 준비를 해야 하는 것입니다.

주방 안에서 버려지거나 잘못 쓰이는 것들을 바로 잡을 수 있는 것은 요리사이지만, 함께 독려하며 조언을 아끼지 않아야 할 사람은 바로 가게 주인입니다. 사장님은 긍정적으로 요리사들의 마음을 끌어주는 역할을 하며 칭찬을 아끼지 않아야 합니다. 또한 제시한 조건과 미션을 성실히 이행했고 확연한 성과가 있을 경우에는 충분히 보상으로 사기를 올려야 합니다. 비용 절감은 쉬운 일이 아니고, 꾸준한 노력과 관심이 필요한 일입니다. 요리사와 함께 작은 관심으로 주방을 샅샅이 살펴 비용 절감을 이루길 바랍니다 주방에 대해 알아보는 시간으로는 턱없이 부족한 내용이라 생각했지만 가장 중요한 부분 3가지를 꼭 말씀드려야겠기에 짧고 간략하게 설명 드렸습니다.

주방의 위계질서, 위생과 청결, 그리고 비용절감으로 이루어지는데 그 무엇 하나 중요하지 않은 부분은 없습니다. 어찌 보면 신경을 써도 되고 안 써도 되는 것 같지만 이런 문제들 하나하나가 모이게 되면 매출과 매장 경영에 큰 영향을 줄 수 있습니다.

우리는 매장의 경영자로서 또는 사장으로 매장을 운영하며 주방 안에서 신경 쓰고 개선해야 할 것들은 사실 한 두 가지가 아닐 것입니다. 제가 말씀드린 3가지가 여러분의 주방에서 쓰이길 바라며 성과를 통하여 주방 관리의 재미를 느끼셨으면 좋겠습니다.

누가 뭐래도 맛이다

교사에게 가장 불편한 말은 잘 가르치지 못한다는 말일 것이고 의사들에게는 치료를 잘 못한다는 말일 겁니다. 그렇다면 요리사에게 가장 불편한 말은 무엇일까요? 그것은 바로 '맛이 없다.'는 말입니다. 특히 맛이 없다는 말을 면전에서 들으면 참 기분 나쁘고, 모욕감까지 느끼실 수 있습니다. 독자들께서는 혹시 이런 말을 들어 보신 적이 있나요? 부끄럽지만 저는 있습니다. 제 이야기로 시작해보겠습니다.

마음으로 요리하라

제가 일하던 주방은 어느 때보다 활기를 띄고 있었습니다.

"1번 테이블 갈비탕 2개 나가고, 3번 테이블 음식 바로 나가자."

오더에 맞춰 저와 직원들은 바쁘게 움직입니다. 오늘 점심시간도 여느 때와 다름없이 만석이었고, 2시가 지나도 여전히 손님이 차 있었습니다. 피크타임이 끝나갈 때 즈음 홀 직원이 제게 급히 뛰어 왔습니다.

"매니저님, 손님께서 음식이 맛이 없다고 하세요. 아직 나가시지는 않았는데 어떻게 해야 하죠?"

저는 빨리 염도계로 육수의 염도를 재보았습니다. 0.8도로 정상수치인데 맛이 없다니 속이 탈 노릇이었습니다. 주방에서는 문제 파악이 안되어 저는 손님에게 직접 가보기로 했습니다.

"손님, 식사에 문제가 있으시다 들었습니다. 정말 죄송합니다."

"맛이 없는 것 같아요. 한 숟가락 뜨고 안 먹었는데 한 번 확인해보시겠어요?"

당시 저희 음식에 들어가는 염도는 0.8로 그때에도 적정 수준을 유지하고 있었습니다. 조리 시간도 초벌작업을 했기 때문에 길지 않았습니다. 하지만 혹시나 하는 마음에 양해를 구하고 드시던 갈비탕을 주방으로 갖고 온 후 맛을 보았습니다. 맛에는 문제가 없었습니다. 저는 다시 고객님께 다가가서 여쭤봤습니다.

"손님, 혹시 맛이 없다고 말씀하신 이유가 간이 약하기 때문인가요?"

"네."

맛이 없다는 말과 간이 약하다는 말은 엄연히 다른 말이지만, 손님의 의견이기에 거기에 맞게 다시 식사를 제공했습니다.

이처럼 맛은 주관적이기에 '맛있다'와 '맛없다'의 차이를 쉽게 나눌수 없습니다. 그래서 현대에 와서는 맛이 있는 음식은 간이 잘된 음식이라 표현하기도 합니다. 어느 사장님은 자신의 메뉴에 대한 무한한 신뢰와 사랑을 갖고 있지만 방문하는 고객님들은 '맛없다'며 나가는 경우도 보았습니다. 그만큼 모든 손님들에게 맛있는 음식을 제공하는 것은 참으로 어렵습니다. 최대한 많은 손님들을 만족시키기 위해서는 어떻게 해야 할까요.

요식 업장에서 음식은 상품입니다. 하지만 음식을 계속 만들다보면 어느 순간에는 음식에서 멀어져 있는 자신의 마음을 볼 수 있습니다. 수많은 요리사들이 겪는 일입니다. 그래서인지 요리사는 누구보다 음식을 사랑하고 아끼는 마음을 갖고 있어야 합니다. 음식의 맛은 주관적일 수밖에 없습니다. 하지만 그 주관적인 맛을 잡을 수 있는 것은 요리사의 음식에 대한 열정이 아닐까 생각합니다. 요리를 하는 일상 속에 맛에 대한 열정을 유지하는 것은 그 무엇보다 힘들지만, 맛있게 음식을 먹고 가는 손님들을 보며 그 마음을 유지해 가시길 응원하겠습니다.

요리사의 조리복이 맛에 미치는 영향

맛은 흔히 단맛, 짠맛, 쓴맛, 신맛, 감칠맛으로 나뉩니다. 더 포함하자면 촉각과 후각도 맛의 범주 안에 들어갑니다. 여기에 우리는 자주 잊는 맛이 하나 더 있습니다. 바로 '보는 맛'입니다.

세계 어느 곳을 여행하더라도 유래 없는 최고의 음식점을 꼽는다면 바로 우리나라 곳곳에 있는 김밥체인점 '김밥천국'일 것입니다. 같은 재료를 사용하더라도 각기 다른 맛과 메뉴들이 나오는 신기한 음식점입니다. 외국인 친구들이 한국에 와서 맛을 보고는 매력에 흠뻑 취하는 모습을 봤을 정도로 우리가 일상에서 만날 수 있는 이 음식점은 정말 특색 있는 음식점이라 말할 수 있습니다. 이렇게 완벽한 김밥천국에도 없는 맛이 있으니 그것은 바로 '보는 맛'입니다.

정말 맛있고 빠르게 음식이 제공되지만 일하시는 직원 분들이 주방 조리복을 입은 것을 보기 힘듭니다. 심지어 제 단골 점은 트레이닝복을 입고 요리를 하십니다. 많은 분들이 각기 다른 평상복을 입고 조리를 하는데, 제 외국인 친구들은 그 모습을 보자 기겁하는 것이었습니다.

"이렇게 맛있는 음식을 만드는 주방장이 왜 아웃도어 옷을 입고 일하는 거지?"

'보는 맛'은 정말 중요합니다. TV에서 수많은 쿡방을 볼 수 있고, 외식 업장에서도 오픈 주방(오픈 키친)을 심심치 않게 볼 수 있습니다. 이는 대중들이 보는 맛을 즐길 줄 알게 되었다는 것을 뜻합니다.

앞서 소개한 인기만점 일본가정식 식당 역시 주요 인기 요인이 바로 잘 차려 입은 주방장의 조리복이었습니다. 단지 주방장이 조리복을 잘 차려 입은 것을 보는 것만으로도 손님은 근사한 레스토랑에서 맛있는 식사를 하고 있다고 생각하게 됩니다. 업장이 순식간에 업그레이드 되는 것이지요.

지금 우리의 업장은 어떤가요? 어떤 업장에서는 조리복을 지원하기에는 물질적인 부담이 될 수도 있겠고 대단한 음식을 만드는 것이 아니기에 조리복을 입지 않는 것이라 말할 수도 있습니다. 하지만 대단하지 않은 음식이라는 것은 없습니다. 김밥 한 줄도 먹는 소비자의 입장에서는 최고의 음식이 될 수 있기 때문입니다.

호텔과 각종 레스토랑의 쉐프들 뿐만이 아니라 로드샵에서 일하시는 요리사분들께서 조리복을 입고 요리사로서 자부심을 가지며 일하면 좋겠습니다. 멋진 조리복을 입고 일하면 긍정적인 요리사의 마음이 담겨져 음식도 더욱 맛있어질 것입니다. 맛이 좋아진다는 것은 충분히 매출 상승으로도 이어질 수 있으므로 투자가치가 있는 도전이 될 것입니다.

항상 내가 '요리사'라고 인식하며 일할 수 있을 때는 칼을 잡을 때가 아니라 조리복을 입을 때입니다. 그 이유는 칼은 아무나 잡을 수 있지만, 조리복은 요리사만 입을 수 있기 때문입니다. 요리사라는 직업 자체가 이제는 각광받고 있는 직업 중 하나인 만큼 이제 조리복을 입고 최고의 주방과 매장을 만드시길 권유드립니다.

제가 처음 요리를 할 때는 주변에서 "그런 3D업종의 일을 왜 하냐?", "남들 쉴 때 같이 쉴 수 있는 직업을 선택해." 등의 소리를 수 천 번도 더 들었던 것 같습니다. 그때는 젊은 패기에 지인들의 걱정을 무시하고 제가 좋아하는 요리를 했지만, 왜 그렇게까지 요리사라는 직업에 대해 걱정스러워했는지 이제는 조금씩 이해하게 되었습니다.

그럼에도 저는 요리사라는 직업을 사랑합니다. 이유는 요리를 하는 그 시간이 행복했기 때문이었습니다. 새하얀 조리복을 입으며 수많은 고객들에게 행복한 식사 자리를 제공했던 시간들, 12시간 넘는 근무시간에도 땀을 흘리며 기분 좋게 마감 청소를 하던 시간들이 행복했습니다. 지금 이 시간에도 너무 고된 주방 안에서의 일로 인해 이제는 그만

두고 싶다는 생각을 하는 분도 있겠지만 그때마다 내일의 성공을 꿈꾸시며 이겨내셨으면 좋겠습니다.

　육체적으로 힘든 가운데 우리는 행복해 하는 고객의 얼굴을 맞이할 수 있기에 하루하루 견디고 결국 성공의 길로 걷고 있습니다. 당장에 매장이 힘들고 애로사항이 있을지라도 넘어질 때마다 다시 일어선다면 언젠가는 행복한 성공의 맛을 보실 수 있으리라 확신합니다.

불만 있는 고객을 내 고객으로 만드는 고객 응대법

많은 사장님들도 공감하시겠지만, 저도 홀에서 일하며 가장 힘들었던 일이 고객을 응대하는 것이었습니다. 제 홀 경험을 통해 노하우를 공유해보는 시간을 가지려 합니다. 업장을 운영하시고, 준비하시는 분들께 조금이라도 도움이 되면 좋겠습니다.

사과 한 마디에 천냥 빚 갚는다

"손님. 자리 없으니까 저 손님이랑 합석해서 드세요. 반찬은 따로 드릴 시간 없으니까 앞 손님이랑 같이 드시다가 부족하시면 말씀하시고요."

제가 한 국밥집을 방문했을 때 들었던 첫 인사였습니다. 점심시간이라 바쁜 것은 이해하겠지만, 미안하다는 말 한 마디 없이 이런 말을 들으니 기분이 상했습니다.

"죄송하다는 말 한마디 없이 합석을 그렇게 쉽게 말씀하시니 좀 불쾌하네요. 수고하세요."

말을 마치고 가게를 나오자 가게 사장님은 헐레벌떡 뛰어나와 직원의 실수에 대해서 사과를 하시더군요.

"아이고, 죄송해요. 제가 직원 교육을 잘못시켜서 이렇게 됐네요. 정말 죄송합니다."

"사장님, 적어도 인사는 하고 가게 사정이 있으니 이해해 달라고 해야 하는 것 아닌가요? 그리고 모르는 사람과 반찬을 같이 먹으라는 것이 말이나 됩니까?"

사과하는 사장님께 조금 미안했지만 그냥 옆 가게에 들어가 식사를 했습니다.

가족과 기분 좋게 중국음식을 먹고자 집 근처에 있는 짬뽕집을 찾은 적이 있었습니다. 오랜만에 가족들과 이야기하며 맛있게 음식을 다 먹었을 무렵 아내의 짬뽕에 파리 한 마리가 떠있었습니다. 상태를 보아하니 이 파리는 식사 도중 날다가 떨어진 것이 아닌, 음식과 같이 조리가 된 것 같아 보였습니다. 비위가 강한 아내였지만 순간 헛구역질을 했습니다. 너무 화가 나서 우선 사진을 찍어 두고 해당 직원을 불렀습니다.

"음식에서 파리가 나왔는데 확인해보니 먹다가 들어간 것은 아닌 것 같고 음식 조리 시 들어간 것 같아요. 너무 화가 나서 그러는데 사장님 좀 불러주시겠어요?"

"우선 죄송하고요. 드신 짬뽕에 대해서는 값을 받지 않고 무료로 제공하겠습니다."

사과 한 마디를 남기더니 황급히 음식을 갖고 갔습니다. 사장은 포스기 앞에서 이쪽 눈치를 보고 있고 실장급 직원이 와서 사과를 한 것이었습니다. 사과를 받았으니 마음이 풀려야 하지만 그렇지 못했습니다.

기분이 많이 상했지만 더 이상 가족 식사 자리의 분위기를 망치고 싶지 않아 그냥 일어섰습니다. 계산을 하려고 사장이 있는 포스에 다가갔습니다. 그런데 마지막의 사장의 태도에 웬만하면 참으려던 마음이 폭발했습니다.

"가끔 이런 일이 있는데, 죄송합니다."

사장이 진정성이라고는 조금도 없는 사과를 한 것이죠. 너무 불쾌한 나머지 다음날 시청에 민원을 넣었고 해당 업장은 시청 위생과를 통해 위생 점검을 받았다고 들었습니다. 만약 사장님이 테이블로 와서 진정성 있게 사과했다면 절대 신고까지 이어지진 않았을 것입니다.

인사 한 마디가 매출을 올린다

주방은 서비스할 수 있는 상품을 제공하는 곳이라면 홀은 직접적으로 고객과 대면하여 서비스하는 곳이라 말할 수 있습니다. 어떻게 해야 좀더 좋은 서비스를 제공할 수 있을지, 그리고 고객들의 만족도를 높일 수 있을지 좀더 자세히 이야기해보겠습니다.

"어서 오세요."

오늘도 20명의 사원이 열을 맞추어 인사 연습을 하고 있습니다. E그룹에서는 입사와 함께 하루 수백 번의 인사 연습을 하게 합니다. 고객에 대한 예절을 가르친다지만 너무 가혹하다고 생각되리만큼 힘이 듭니다. 다들 얼굴은 웃고 있지만 팔 다리는 떨고 있습니다. 신입직원이 열을 맞추어 발뒤꿈치를 45도로 적당히 맞춰 모으고 손을 앞으로 모읍니다. '어서 오세요'를 외친 뒤 약 5초에 걸쳐서 허리를 숙였다 다시 올리니 송골송골 이마에는 땀이 떨어지기 시작합니다. 단순히 인사말과 함께 고개를 숙이는 것이 다가 아닙니다. 표정 연습도 합니다. '김치'. '스마일' 등 여러 구호를 외치며 연신 입 꼬리를 올리는 연습을 합니다. '왜 이렇게 까지 가혹하게 할까?'라는 생각이 입사 때부터 퇴사를 한 후에도 이해할 수 없었지만 직접 업장을 운영하면서 그 이유를 알 수 있었습니다.

앞서 여러번 말했듯이 "어서 오세요."라는 직원의 한 마디는 그 업장의 첫인상이자 재방문을 결정할 수 있는 말입니다. 그만큼 첫 인사는 중요합니다. 고객이 매장을 방문했을 때 고객과 점원이 대면하는 횟수는 약 3회 정도 됩니다. 그 첫 번째는 고객이 방문했을 때이고 두 번째는 음식을 주문할 때입니다. 그리고 마지막으로는 계산하며 퇴장할 때 고객과의 대면이 이루어집니다. 음식의 맛도 손님의 재방문이 결정될 수 있는 가장 큰 방법 중 하나이지만, 맛만큼이나 중요한 것은 위 3번 고객과의 대화라고 할 수 있습니다.

첫 손님 방문 시에는 아무리 바쁘더라도 웃으며 공손하게 손님을 맞이하는 것이 포인트이고, 두 번째로 손님이 주문할 때에는 아무리 바빠도 먼 거리에서 주문을 받지 않아야 합니다. 설사 손님이 멀리서 "공기밥 1개 더 주세요."라고 말할지언정 직원은 손님 테이블로 다가가서 주문을 재확인해야 합니다. 그리고 마지막으로는 결제를 할 때인데 카드이든 현금이든 항상 두 손으로 받고 결제 시에는 영수증과 함께 드려야 합니다.

아무 것도 아닌 것 같지만 이 3번의 손님과의 스킨십을 통하여 손님은 가게를 나갈 때 또 올지 말지를 정합니다. 그러므로 항상 웃으며 정성으로 고객을 대면하는 것이 중요합니다.

돌아선 고객을 되돌리는 클레임 처리 4단계

외식업장의 직원으로 일하며 가끔은 본의 아니게 억울한 일을 겪을 수도 있고, 밥을 먹으러 간 손님으로서도 억울한 일을 겪을 수 있습니다. 그러기에 우리는 항상 실수에 대해서 당연하게 생각해선 안 되고 반대로 타인의 실수에 대해서도 무조건적인 비난과 클레임에 대한 과한 요구(금품)를 해서는 안 될 것입니다. 마지막으로 독자분들께 도움이 될 '클레임 처리 4단계'에 대해 이야기해 보도록 하겠습니다.

클레임 처리 4단계

① 경청하기: 고객의 이야기를 고객의 입장에서 귀담아 듣습니다.

② 공감하기: 고객의 입장에서 공감하여 일시적으로 고객의 화를 줄입니다.

③ 사과하기: 들은 내용을 바탕으로 사실관계를 확인한 후 진심을 다해 사과합니다.

④ 해결하기: 사과에서 끝나는 것이 아닌 구체적인 해결안을 제시하여 고객을 감동시킵니다.

서비스 클레임으로 고객을 잃을 수도 있지만 전화위복이 되어서 손님이 재방문 할 수 있도록 유도하는 것이 '클레임 처리 4단계'라고 말씀드릴 수 있습니다. 특히 강조 드리고 싶은 것은 손님의 입장에서 공감하고 사과한 뒤 감동을 이끌어 내는 것입니다.

홀에서 수많은 고객을 만나며 좋은 일도 겪지만, 그렇지 못한 일도 겪게 됩니다. 그것이 큰 고난이 될 수도 있고, 혹은 성공을 위한 디딤돌이 될 수도 있습니다. 당시에는 겪고 있는 상황이 너무나도 힘들 수도 있겠지만 시간이 지나면 그 일은 아무 것도 아닙니다. 우리는 조금 더 의연하게 모든 상황을 받아들일 필요가 있다고 말씀드리고 싶습니다.

진상 손님 퇴치법

블랙컨슈머(Black Consumer)는 업장을 상대로 부당한 이익을 얻고자 제품을 사거나, 서비스를 받은 뒤 일부러 악성 민원(클레임)을 넣어 이득을 취하는 자를 말합니다. 사장님들 입장에서는 정당한 이유에서 문제제기를 하는 것이 아니기에 '진상'이라고 볼 수도 있겠습니다.

홀에서 일하며 제일 해결하기 힘든 부분 중 하나일 것입니다. 불과 몇 년 전만해도 대부분의 업장에서는 고객 클레임으로 문제가 커지면 좋을 것이 없다는 인식에서 이런 문제가 일어날 때 고객에게 사과와 함께 서비스 물품과 선물, 식사권 등을 제공하는 방법을 써서 일단 조용히 무마하기에 급급했습니다.

하지만 이러한 방법은 그 상황을 빨리 넘기는 임기응변에 불과할 뿐

업장의 입장에서는 문제점을 해결하는 좋은 방법이 아니었습니다. 업장의 이러한 임기응변식 해결 방안은 블랙컨슈머에게 큰 이익을 주게 되면서 더 많은 블랙컨슈머가 활동하는 결과를 초래하게 되었습니다.

저 같은 경우에도 음식에서 머리카락이 나왔다는 이유로 상을 엎고 터무니없는 변상을 요구하는 등 수 많은 블랙컨슈머를 봐왔습니다. 자신이 원하는 대로 보상해주지 않는다면 인터넷과 고객 게시판에 항의 글을 올린다는 말부터 시작하여, 더 높은 상급자를 불러오라는 등의 협박으로 이어지기도 했습니다. 이런 문제들이 사회적 문제로 확대되자 이제는 원칙적 대응을 하는 업체들이 늘어나게 되었습니다.

홀에서 이러한 블랙컨슈머 문제에 대해 효과적으로 대응하는 방안은 2가지입니다.

첫 번째는 클레임 제기 시 거기에 상응하는 서비스만을 제공하는 것입니다. 국밥집에서 손님의 국밥에서 플라스틱이 나왔다고 변상 및 정신적인 피해보상을 요구하는 사건이 있었습니다. 이런 경우에는 솔직하게 업장의 잘못을 인정하고, 제품의 문제이기 때문에 제품을 바꿔주는 액션을 취하는 것입니다. 추가적으로 돈으로 변상을 하거나 상품권을 제공하는 등의 방법은 삼가는 것이 포인트입니다.

두 번째로는 만약 SNS(소셜 네트워크 서비스)와 인터넷 등의 파급력이 있는 공간에서 공개적으로 문제를 제기할 경우 핑계를 대기보다는 빨리 잘못을 인정해야 한다는 것입니다.(단 인정되는 잘못에 한에서만 인정해야 합니다) 만약 SNS를 이용하여 교묘하게 이익을 얻고자 하는 블랙컨슈머라는 판단이 된다면 명예훼손 등의 법적 조치까지 생각해볼 수 있다고 봅니다. 블랙컨슈머에 대해서는 업장의 적극적인 대처들이 감정노동을 하는 직원들을 지키는 방법입니다.

홀에서 일을 하는 직원들은 단순 서빙원이 아닌 감정노동자입니다. 하루에도 수많은 손님들을 상대하고 맞춰야 합니다. 서비스에 대해 불만이 있는 손님의 말을 경청하고 사과해야 할 때는 자신의 감정을 숨긴 채 웃음을 잃지 않고 고객을 응대해야 합니다. 일에 치여 자연스럽게 홀 직원들은 마음에 상처가 쌓일 수밖에 없게 되고 이러한 문제들이 해소되지 않고 쌓인다면 해당 직원은 평생 상처를 갖고 살게 될 것입니다.

사장님들이 홀 직원을 신경써주시는 만큼 직원들은 더 좋은 서비스로 응답할 것입니다. 누구든지 일을 하다보면 실수를 할 수도 있고 자의든 타의든 잘못을 할 수도 있습니다. 직원이 실수를 해서 잘못을 저지르더라도 사장이란 위치는 더 잘할 수 있도록 어떻게든 다시 길을 안내해주는 안내자와 같습니다.

내 사람을 만드는 고객 관리

　성공하는 대다수의 사람들을 보면 전혀 알지 못하는 새로운 홍보들로 성공하는 경우는 극히 드뭅니다. 그렇다면 성공한 사람들은 어떻게 제품 및 업장을 홍보하기에 성공할 수 있었던 것이었을까요? 바로 사람들이 공감할 수 있는 홍보로 고객들의 마음에 다가갔기 때문이었습니다. 제 영업 비법이기도 합니다. 홍보는 거창한 것이 아닙니다. 홍보가 제품을 넘어서면 그것은 과장과 사기가 될 가능성이 커집니다. 평범하고 소소하지만 성공할 수 있는 영업 이야기들을 나누어보도록 하겠습니다.

쿠폰과 포인트로 단골 만들기

　고객 관리를 위해 여러 가지 방법이 있겠지만 제일 크게 쓰이는 방법을 2가지로 정리하면 쿠폰과 포인트 적립일 것입니다.

길거리를 다니다 보면 배너에 음료 10잔 주문시 1잔 무료라고 써져 있는 것을 쉽게 볼 수 있습니다. 저 같은 경우에도 쿠폰이 적립되는 곳을 선호하고, 몇 번의 방문이면 당장에 서비스를 받을 수 있기에 많은 분들이 쿠폰을 이용하고 있습니다.

쿠폰 관리의 장점은 방문 시 자기가 언제 서비스 음료를 먹을 수 있을지 예측할 수 있어 이를 기대하게 함으로써 재방문을 유도한다는 것입니다. 쿠폰의 단점으로는 고객의 실수로 쿠폰을 분실하게 되면 그 효력이 없어진다는 것입니다. 이러한 단점을 보완하기 위해서 프랜차이즈는 앱을 개발하고 고객의 니즈에 발 빠르게 대응하고 있습니다. 스타벅스나 이디야와 같은 대형 프랜차이즈 커피숍에서는 쿠폰의 단점을 보완한 모바일 쿠폰을 도입해 고객의 재방문을 유도하고 있습니다.

두 번째로는 포인트 관리입니다. 쿠폰은 몇 번의 방문을 통해 추가적인 서비스를 받는 것이라면, 포인트 관리는 직접적인 할인을 받는 것입니다.

포인트 관리 같은 경우에는 고객의 이름, 핸드폰 번호 등 개인정보를 받아야하기 때문에 번거롭지만 일단 받으면 SMS 메시지 발송을 통해 주기적인 고객 관리가 가능하다는 것이 가장 큰 장점입니다. 포인트 같은 경우에는 1,000원 적립 시 사용 가능한 업장도 있지만 포인트를 모으기 위해서는 다소 시간이 많이 걸릴 수 있기에 소비자의 입장에서는 그리 매력적으로 느껴지지 않을 수 있습니다.

(Web 발신)

광고-P돈가스 본점

돈가스 1+1행사 광고 및 설 연휴 영업 안내

① 돈가스 1+1행사: 돈가스를 포함하여 메뉴 2개 이상 주문 시 돈가스를 1개 더 제공합니다.

② 단 배달 주문시 제공 불가, 포장 시 포장비 추가 발생, 중복 할인 제외

③ P돈가스를 해시태그에 걸어주시면 추첨을 통해 식사권을 드립니다.

④ 설 연휴 영업 안내: 정상영업

⑤ 1+1행사는 본 문자를 받으신 분(회원)들에게만 해당되오니, 서비스 이용 시 문자를 보여주세요.

제가 단골로 있는 한 돈가스 매장에서 보낸 문자 내용입니다. 이곳은 이렇게 회원 관리를 하고 있습니다. 눈여겨 볼 점은 5번의 내용인데 사용 시 문자를 보여 달라고 하는 문구가 VIP가 된 느낌을 들게 해 재방문을 유도하는 것입니다. 이렇게 매장을 이용하는 고객에게 감사의 마음을 표하고 재방문을 유도하는 것은 좋은 마케팅 전략 중 하나이고, 고객 관리의 첫걸음이라 생각합니다.

"쿠폰 다 모아 오셨네요? 총 10개 모아 오셔서 아메리카노 1잔 드실 수 있습니다. 아니면 마저 모아서 15개 모으시고 모든 음료 중 1개를 드실 수 있고요. 어떻게 하시겠어요?"

원가가 많이 드는 음식 같은 경우에는 쿠폰제가 부담스러울 수도 있으시겠지만, 그렇지 않은 매장에서는 꽤나 효율적으로 쓰입니다.

식음료 업장에서 10잔을 먹었을 경우 1잔을 무료로 제공한다 생각하면, 수지타산을 생각했을 때 괜찮은 홍보 수단이 될 것입니다. 그래서 많은 커피숍에서는 쿠폰제를 시행하고 있는 거겠죠. 다른 업장의 경우에는 어떨까요? 배달을 많이 하는 중화요리 전문점 같은 경우에는 만 원이 넘으면 스티커를 하나씩 주어 20장 내지 30장이 되면 소정의 음식(탕수육 小 정도)을 서비스로 제공하는 경우를 이따금 볼 수 있습니다.

원가가 비싸지는 음식일수록 무조건 쿠폰을 도입하는 것은 큰 마이너스가 될 수 있습니다. 그러기에 원가와 수지타산을 정확히 계산하여 쿠폰제를 도입해야 할 것입니다. 손님의 입장에서는 쿠폰을 꼭 모아서 먹어야겠다고 생각될 만큼 매력적이어야 하며, 업장의 입장에서는 시행 전에 정확히 원가를 계산해 남는 장사를 하는 것이 포인트라고 말할 수 있습니다.

쿠폰제 도입 전 유의사항

① 쿠폰 합산 및 당일 사용 불가 고지
② 쿠폰 적립 및 사용은 해당 지점에서만 가능함(프랜차이즈에 한함)을 고지
③ 정확한 원가율 계산을 필요

온라인 마케팅으로 단골 만들기

SNS 마케팅에는 여러 플랫폼들이 있습니다. 꾸준히 오랜 시간 사랑받고 있는 네이버 블로그, 요즘 가장 큰 파급력을 갖고 있는 페이스북

과 인스타그램, 남녀노소 불문하고 많은 회원층을 갖고 있는 카카오톡, 전 세계 모든 사람들이 사용하는 유튜브 등을 대표적인 플랫폼으로 뽑을 수 있습니다. 위와 같은 SNS를 이용하여 홍보를 많이 하고 있는데 업장 내에서 페이지를 만들어 홍보하는 경우도 있지만, 업체에 맡겨서 홍보하는 경우가 상당히 많습니다. 각자의 플랫폼마다 갖고 있는 장단점이 있습니다.

첫 번째로 네이버 블로그의 가장 큰 장점은 방문자의 통계, 분석이 쉬워서 피드백이 우수하다는 것입니다. 또한 남녀노소 많은 사람들이 이용하고 있다는 것과 그로 인해 정보력이 방대하다는 것을 장점으로 꼽을 수 있습니다. 하지만 단점으로는 소통이 안 되고, 블로그를 구축하기 위하여 많은 시간을 필요로 한다는 것입니다.

두 번째로 페이스북의 가장 큰 장점은 파급력과 영향력이라고 말할 수 있습니다. 그러기에 SNS 마케팅을 시작하시는 사장님께는 필수적인 플랫폼입니다. 다만 다른 SNS에 비해 정보력이 낮다는 것을 단점으로 들 수 있습니다.

세 번째로는 인스타그램의 최대 장점은 '해시태그'입니다. 해시태그란 해당 단어 앞에 '#'을 넣고 검색했을 때 그 검색어가 들어간 게시물을 볼 수 있는 메타데이터를 말합니다. 해시태그를 이용하여 그 검색어와 관련된 사람들을 그룹화하여 효과적인 마케팅이 가능하다는 장점이 있습니다. 하지만 관련 정보들이 계속적으로 업데이트가 되기 때문에 휘발성이 강하다는 단점이 있습니다.

네 번째로는 카카오톡은 많은 사람들이 커뮤니케이션을 위하여 사용하고 있습니다. 2018년 통계에 의하면 대한민국 국민의 스마트폰의 보급률은 90%라고 합니다. 그렇다면 카카오톡의 보급률도 비슷할 것입니다. 이 점이 최대의 장점입니다. 많은 사람이 사용하기 때문에 그만큼 소통의 진입장벽이 낮습니다. 하지만 단점으로는 광고를 받는 상대방이 사생활이 침해되었다고 느낄 수 있다는 것입니다.

마지막으로 유튜브는 전 세계인이 가장 많이 사용하는 플랫폼으로써 동영상 콘텐츠를 통해 정보를 생동감 있게 제공한다는 것을 장점으로 볼 수 있습니다. 하지만 동영상 제작에 대한 어려움이 있다는 점을 최대 단점으로 볼 수 있습니다.

여러 SNS플랫폼 별 장단점을 알아보았는데, 시대에 따라 이 플랫폼들도 변동 가능성이 있을 것이라 생각됩니다. 그때마다 시대에 맞추어 효과적인 플랫폼을 찾아 홍보하는 것이 중요하다고 생각합니다. 그러기에 항상 새로운 변화에 대해 어려워하지 말아야 하며, 긍정적으로 사고하는 마인드가 필요합니다.

고객 관리는 영업의 기본

"대니 고객님! 주문하신 아메리카노 한 잔 나왔습니다."

스타벅스의 경우 음료를 주문하면 진동 벨을 따로 지급하지 않습니다. 다른 10~20평 되는 커피숍도 요즘은 진동 벨을 사용하는데 스타벅스는 업계에서 가장 큰 회사임에도 불구하고 여전히 직원이 직접 해당 손님을 불러 음료가 나왔음을 알립니다. 이는 아마도 고객의 이름을 외침으로써 해당 고객이 프라이빗한 대우를 받고 있는 것처럼 느끼게 하려는 의도일 것입니다.

그럼 "대니 고객님! 주문하신 아메리카노 1잔 나왔습니다."라는 말을 들은 다른 고객은 어떤 느낌이 들까요? 바로 회원등록을 하여 나도 대우받는 사람이 되고자 하는 느낌을 가질 것입니다. 이처럼 스타벅스는 이 전략 이외에도 회원들에게 포인트 적립과 다이어리 지급 등 특별한 혜택을 제공하고 있습니다. 스타벅스는 고객의 정보를 데이터베이스로 만들어서 관리를 함으로써 더욱 손쉽게 매출을 증대시킬 수 있기에 이런 시스템 정책을 택하고 있다고 생각이 됩니다.

이처럼 고객관리는 영업의 기본이라 말할 수 있습니다. 보험이나 판촉을 하는 영업사원의 행동을 잘 보면 처음 상대 고객을 마주한 뒤 인사와 함께 명함을 주고받습니다. 명함을 받아 번호를 저장하고 때에 맞게 문자로 고객을 관리하게 됩니다. 더 나아가서 중국집의 경우에도 전화를 걸면 이미 몇 동, 몇 호인지까지 다 알고 있습니다. 주문 전화를 끊고 그 번호를 저장시키기 때문입니다. 치킨집이나 다른 배달업체도 마찬가지입니다.

음식점 같은 경우에는 포인트가 있는 업장이라면 고객 관리를 하고 있겠지만, 그렇지 않은 업장은 고객 관리가 쉽지 않을 것입니다. 고객 한분 한 분이 중요하고 매출로 직결되는 것을 알고 있으면서, 국밥을 먹고, 때로는 커피를 한잔 마시고 간 손님을 그냥 떠나보내다니요. 어떻게든 재방문을 할 수 있도록 방법을 강구해야 합니다.

카페 운영을 하며 겪었던 일들을 말해보려고 합니다. 저는 앞서 말한 대로 꽃차, 옹기빙수, 디저트 등 할 수 있는 것들을 모두 시도하며 매출을 높여보려고 많은 노력을 했습니다. 어느 정도의 만족할 만한 매출이 나오긴 했으나 '이만하면 됐다'라는 느낌은 전혀 들지 않았습니다. 신메뉴와 여러 도전으로 인해 좋은 성과를 거두었지만 효과적인 고객관리는 되지 않았기 때문이었습니다. 그래서 생각한 것이 제가 취미로 만들었던 도자기를 체험 형식으로 카페에 도입한 것이었습니다. 손님이 카페에서 도자기를 만들게 된다면 고객의 신상정보(이름 및 연락처)를 알 수 있었고 재방문(도자기 특성상 2번 이상 방문해야 완성된 도자기를 얻을 수 있습니다) 기회를 노릴 수 있었기 때문이었습니다. 결과적으로 도자기 수업을 진행하며 부가적인 수입을 올릴 수 있었고 고객을 DB(데이터베이스)화해서 손쉽게 고객 관리를 할 수 있었습니다.

고민하고 또 고민하시기 바랍니다. 무엇이든 하고자 한다면 방법은 있다고 믿습니다. 여러분의 업장 역시 어려움이 있다면 이를 타계할 방법이 분명 있을 것입니다.

장사를 완성하는 직원 관리

매장 경영을 하며 제일 핵심이 될 수 있는 부분이 바로 '직원 관리'입니다. 손님을 직접 대면하는 직원이 바로 고객에게는 그 가게입니다. 매장에 사장님이 계시던 안 계시던 손님과 바로 마주하여 일하는 직원의 중요성은 매우 큽니다. 직원은 단순히 인력을 제공하는 사람이 아닙니다. 직원은 그 매장의 일부입니다. 또한 사장님의 가족보다 더 많은 시간을 함께하는 러닝메이트라고 볼 수 있습니다. 효율적으로 직원 경영을 넘어 직원과 삶을 함께하는 경영을 해야 합니다.

님이라는 글자 하나만 붙여보자

"입사를 축하합니다! 저희 기업에서는 서로의 호칭에 대해 '○○님'이라고 부릅니다. 특별한 경우에는 그 분의 직급을 붙여 부르기도 하지만, 원칙은 이름 뒤에 '님'자를 붙입니다. 왜 우리 기업에서는 다른 기업과 다르게 이런 기업 문화를 갖고 있을까요? 저희 기업은 서비스업을 필두로 하고 있기 때문입니다. 업무 특성상 용무가 급할 때는 상대방을 막 부르는 경우가 허다합니다. '야! 가서 뭐 갖고 와!', '저기요. 그것 좀 빨리 갖다 주세요.' 등의 예를 수도 없이 들을 수 있습니다. 그래서 그 직원의 인격을 보호하고 더 좋은 기업문화를 만들기 위해 이름 뒤에 '님'을 붙이는 것입니다. 조금은 어색하시겠지만 지금 이 시간부터 습관을 들이실 것을 권유 드립니다."

이는 제가 이랜드 외식사업부에 입사하여 오리엔테이션 때 가장 먼저 들었던 설명입니다. '급할 때 설마 이름에 님 소리를 붙일 시간이 있겠어?'라고 생각했지만, 현장에서 일해 보니 제 생각과는 다르게 많은 부분에서 이 호칭 문화가 자리잡혀있다는 것을 알게 되었습니다.

기업의 문화가 점점 변하고 있습니다. 90년대만 해도 사원, 주임, 대리, 과장, 부장 등의 호칭을 주로 썼지만 이제는 ○○님, ○○씨 등 호칭을 부르는 시대가 왔습니다. 직급 문화에서 벗어나 그 사람의 인격을 조금 더 존중해 주는 문화가 정착된 건 참 잘 된 일이라 생각합니다. 물론 여전히 욕을 하거나, 막말을 하는 직원을 볼 수 있습니다. 하지만 소수일 뿐 저 또한 '님'문화를 접하면서 적어도 그 사람의 인격을 다치게 하는 말은 하지 않게 되었습니다.

혹시 업장에서 서로의 호칭을 어떻게 부르나요? '이모님', '여사님', '아줌마', '저기요' 등을 사용하고 있으신가요. 이런 호칭은 하는 일에 대한 전문성을 찾아볼 수 없습니다. 우리가 깨어 있는 시간의 절반 이상은 일을 하며 보내는데 그 많은 시간을 '저기요'라는 호칭으로 대접

받지 못하는 느낌을 받는다면 과연 노동자 입장에서 일을 즐겁게 할 수 있을까요.

말 한마디가 그 사람의 능률을 바꿀 수 있습니다. 바쁜 서비스 현장에서 '○○님'이라 부를 시간이 있을까 생각할 수도 있습니다. 하지만 바쁜 때일수록 상대방에게 더 실수할 수 있기에 존중의 언어를 사용한다면 듣는 직원과 이를 보는 고객들도 감동받을 것이라 생각합니다. '님'이라는 글자 한 자를 더할 뿐이지만, 그 한 자가 매장을 어떻게 바꿀지 여러분의 매장에서 직접 체험해보시기를 바랍니다.

포상과 격려를 적절히

"○○○사원 나와 보세요."

조회 시간의 첫 마디였습니다. 그 직원은 바짝 기가 죽어서 고개를 숙이고 저벅저벅 걸어갑니다. 하지만 혼날 것 같았던 분위기와는 다르게 직원 가슴에 배지를 달아주며 말합니다.

"○○○직원이 전국 최우수 직원으로 선정되었습니다."

조금 생소했습니다. '서비스업에서 왜 저런 것을 하지?'라고 생각했지만, 조금만 바꿔 생각하니 '서비스업이기 때문에 저런 포상제도가 있는 거구나.'라고 느꼈습니다.

고객을 접하는 것은 여러 가지로 많은 정성이 들어갑니다. 항상 제품의 질도 신경을 써야 하고, 그 제품을 접하는 고객들에게 자기 자신을 맞춰야 합니다. 서비스업에 종사하며 직원으로서 고객에게 인정받기란 참 힘듭니다. 고객은 돈을 지불하고 서비스를 받기 때문에 그 서비스가 당연하다고 느끼기 때문입니다. 그럼 직원은 누구에게 격려를 받으며 일해야 할까요? 바로 사장님입니다.

우수한 사원을 뽑는 이유는 해당 직원이 이룬 성과에 대해 물질로 충분히 보상할 때 얻는 효과 때문입니다. 칭찬을 통해 사원 스스로에게 더욱 열심히 할 수 있는 계기를 만들어 주고, 배지라는 사물에 상징성을 부여함으로써 이를 보는 다른 직원이 동경하게 하고 더욱 많은 성과를 내게 함에 있습니다.

서비스 업장에서 '이렇게까지 꼭 해야 하나?'라고 생각하시는 분들도 계실 것입니다. 하지만 이런 제도는 이미 많은 기업들이 오래전부터 시행해 왔고, 지금도 많은 곳에서 시행 중임을 말씀드립니다. 충분히 도전할 가치가 있고, 해야 할 일이기에 꼭 이 제도를 시행하시길 추천 드립니다.

지금 이 글을 읽고 계신 사장님들의 업장에도 열심히 일하는 여러 직원 분들이 있을 것입니다. 당연히 사장님께서 임금을 지급하고 고용했지만 사장님의 기대만큼 직원들이 업무에 많은 힘을 쏟지 않아 마음 상할 때도 있을 것입니다. 왜 이런 일이 일어날까요? 그 이유는 이해관계가 다르기 때문입니다. 단언컨대 모든 직원이 최선을 다해 일할 수는 없습니다.

이런 직원들의 마음을 이해하되 최선을 다할 수 있도록 그 마음을 끌어 올리는 것이 바로 리더의 역할입니다. 그 마음을 끌어 올리는 것은 합당한 성과에 대한 '보상'입니다. 당장 물질적인 보상이 힘들다면 간단한 선물이나 편지라도 좋습니다. 작은 마음 하나가 직원의 마음을 열고 최선의 서비스를 만들 수 있게 한다고 생각합니다. 이것이 매장 성공의 시작점이자 사장과 직원이 서로 성장할 수 있는 방법입니다.

관리자의 에너지를 아끼는 것도 직원 관리법

"아. 우리 직원 또 그만둔대."

오늘도 B매장의 점장이 하소연합니다.

"방학이 끝나서 그런가, 우리 매장 알바생도 2명 관뒀어. 이러다 진짜 우리가 죽을 것 같아. 키워 놓고 일 잘 할 만하면 나가고, 이런 생활도 정말 지겹네."

외식업장 내에서는 방학 기간이 끝나게 되면 아르바이트생이 썰물 빠지듯 나가게 됩니다. 높은 인건비 때문에 직원을 채용하지 못하고, 아르바이트생으로 대체하여 인원을 충당하기 때문에 이런 결과가 생기는 것입니다. 아르바이트생이 때가 되면 그만 두는 것은 당연합니다. 그리고 그것은 누구의 잘못도 아닙니다. 하지만 아르바이트생이 해야 할 일들을 매번 가르치고 도와주는 입장에 있는 관리자에게 이 문제는 정말 골치 아픈 문제일 것입니다.

"B점장, 나도 이 일 때문에 진짜 머리 아파서 죽을 지경이야. 생각해 보니 입사하고 일 가르친 직원들만 100명도 넘는 것 같아. 이제는 일하는 애들한테 정도 못주겠어. 말도 못 걸겠다고, 힘들어서."

"나도 그래. 방법을 찾아보자."

B점장과 통화를 끝내고 생각하게 되었습니다.

'내가 이 업계에서 일을 하는 한 계속해서 이런 일이 있을 텐데. 사람을 가르치기 힘들어서 정을 못주는 건 이상해. 그래, 쉽게 가르칠 수 있도록 자료를 만들어보자!'

업장 내에서 서비스북이 있긴 했지만 도움 안 되는 내용이 많았기에 저 나름의 '가이드북'을 만들기 시작했습니다.

홀 직원 교육 자료는 직원의 복장부터 안내 멘트, 그리고 메뉴 숙지와 메뉴의 특장점, 단점 등을 기재하였고, 주방 직원의 경우에는 레시피와 해야 할 일들을 정리하였습니다. 이렇게 새 아르바이트생을 가르칠 수 있는 가이드북을 제공하자, 새로운 직원도 더욱 체계적으로 배울 수 있고, 관리자의 입장에서도 아르바이트생이 기본적인 것들은 가이드북으로도 배울 수 있으니 좀더 자세한 것들을 봐줄 수 있었습니다.

B점장에게 이 내용을 공유했습니다.

"와. 진짜 편하네, 하나하나 가르칠 것 없이 홀 직원 같은 경우에는 1시간 동안 숙지하라고 시킨 뒤 바로 현장에 투입해도 일을 진짜 잘하더라고, 이게 누이 좋고 매부 좋은 경우 아니겠어? 고맙다!"

이러한 '족보' 및 '가이드북'이 여러분의 업장에도 있을 것입니다. 하지만 이런 자료를 더 신경 써서 만들어야 하는 이유는 가르치는 관리자가 지치지 않고 일해야 하기 때문입니다. 제 동기였던 C점장의 경우에는 직원들과 일절 말을 하지 않던 것으로 유명했습니다.

"C점장! 아르바이트생이나 직원들한테 말 한마디 안 한다는 소문이 돌던데 사실이야?"

"어. 어차피 나갈 사람들인데, 정들면 정 떼기가 힘들더라고. 그래서 아예 안 친해지는 방법이 더 좋겠다 싶었지."

C점장도 처음부터 이러지는 않았습니다. 점장이 된 초반에는 직원들과 긴밀하게 잘 지냈지만, 잦은 만남과 헤어짐에 지치게 되고 점차 마음이 돌아서게 되었던 것이었습니다. 결과적으로는 헤어짐과 만남이 힘들어서 직원들과 말을 섞지 않게 되었지만, 절대 사람이 밉거나 싫어서 그런 것은 아니었습니다. 너무하는 거 아니냐고 물으면 이렇게 하지 않으면 내가 나갈 것 같다고 답하곤 했습니다.

C점장의 매장은 5명중 4명이 아르바이트생으로 이루어져 있었습니다. 지역 특성상 직원 모집이 잘 되지 않았던 것이 문제였습니다. 절반이 넘는 인원들이 방학마다 매번 바뀌니 C점장은 자연스럽게 관계 속에서 큰 좌절을 하게 되었던 것이었습니다.

"C점장, 내가 가이드북을 줄 테니까 이것을 잘 사용해서 가르치는 시간을 좀 줄여봐. 그럼 C점장도 좀더 가르치는 것에 대한 부담도 덜게 될 것이고, 소요 시간도 자연스럽게 줄이면서 어느 정도 여유 있게 아르바이트생을 대할 수 있지 않을까?"

제가 이해를 돕고자 직원 관리라고 칭했지만 어느 면에서는 저는 직원 관리라고 말하기가 부끄러울 때가 더 많았습니다. 그 이유는 제가 직원에게 보고 배울 때가 더 많았기 때문입니다. 힘들 때일수록 평정심을 잃지 않도록 여러 방법으로 조언해주었던 많은 직원들이 있었기에 저 또한 마음을 잡고 일할 수 있었습니다.

만약 장사가 힘들다면 그 직원마저 고용하지 못하고, 혼자 외롭게 일해야 합니다. 혼자 일하는 모든 사장님들이 격하게 공감하시겠지만, 점점 소모되고 지쳐가는 느낌을 지울 수 없을 것입니다. 장사는 수학과 다릅니다. 1+1=2라는 것이 수학의 답이지만 장사의 답은 한 사람과 다른 한 사람이 결합될 경우에는 네 사람의 일까지 할 수 있는 시너지 효과가 나타납니다. 직원이란 존재는 사업에 있어서 꼭 필요한 존재이자 가장 소중한 존재인 것입니다.

가끔은 직원들과 헤어지는 시간이 상처로 남을 수도 있을 것입니다. 저 또한 외식 계열에서 일하며 많은 직원들을 가르쳤습니다. 지치고 상처받을 수 있었던 시간이지만, 막연하게 직원들과 헤어질 날을 생각지 않고 나를 만나 하나라도 얻고 가라는 마음으로 모든 직원을 대했습니다. 이런 생각 덕분에 서로가 더 발전하고 의지가 되고 행복했던 것 같습니다. 직원을 관리하는 삶이 아닌 함께 하는 삶으로써 더 나은 내일을 꿈꾸시길 바랍니다.

★ 업장 운영 체크리스트

① 시간이 지날수록 소비자의 위생 관념은 높아지고 있고 그에 따라 관공서의 검열 수준도 높아지고 있습니다. 음식의 맛이 기본이듯 업장의 위생은 철저하게 관리를 해야 합니다. 첫 번째로 업장 위생 체크리스트에 대해 공유해보도록 하겠습니다.

목차	내용	체크
개인 위생관리	유니폼은 착용하였는가?	
	반지, 귀걸이, 시계 등 개인 장신구를 소지했는가?	
	설사, 복통, 외상, 염증 등이 있는가?	
	작업 시작 전 손 세정은 했는가?	
조리 중 위생관리	해동 온도 및 해동 시간을 지켰는가?	
	전처리 과정(세척, 소독)은 지켰는가?	
	가열조리식품은 중심온도가 85℃에서 1분 이상 되도록 지켰는가?	
식재료 위생관리	유통기한 등 표시사항은 확인했는가?	
	포장 및 품질상태, 시험성적서 등은 확인했는가?	
	구입한 식재료는 신속히 냉장/냉동을 했는가?	
	교차오염을 방지하기 위해 품목별(농산, 수산, 가공)로 관리했는가?	
기구세척 및 살균소독	소독하기 전에 세척은 철저히 했는가?	
	올바른 방법으로 소독했는가?	
	자외선 살균기 등을 올바르게 사용했는가?	

② 두 번째로는 위생관리에 있어서 법적 규정 및 꼭 상식적으로 알아야할 사항에 대해 말씀드리도록 하겠습니다.

목차	내용	체크
식자재 위생관리	안전보관일 확인. 모든 식자재는 개봉 후에 미생물 증식이 이뤄지기 때문에 안전 보관일 내 사용 확인	
	냉동식품 해동시, 제품 제조시, 제품 소분 시	

한글 표시사항 관리	모든 식자재는 한글라벨이 있는 제품을 사용하고 용기에 제품이 담겨있는 경우 한글라벨은 제품 소진 시까지 보관. 따로 폴더를 준비하거나 판을 준비하여 한글 라벨관리. 훼손, 변조 불가. 위 반 시 : 영업정지 1개월	
유통기한 관리	유통기한이 표기된 모든 제품은 기간 내 사용. 위반 시 : 영업정 지 15일	

③ 세 번째로는 관리자로서 업장 운영시간에 따른 체크리스트를 안내하겠습니다.

목차	내용	체크
오픈	오늘의 목표 매출 및 전달사항 공유되었는가?	
	직원의 출퇴근 및 컨디션 확인하였는가?	
	업장 내 홀, 주방 상태 확인하였는가?	
	업장 외부 청소 및 홍보 물품 확인하였는가?	
	포스를 확인하였는가?(현금 및 예약 확인)	
	첫 주문 음식에 대해 퀄리티(온도, 양, 데코레이션, 등)를 확인하 였는가?	
영업	직원의 작업 능률 및 상태가 괜찮은가?	
	직원의 서비스 상태가 괜찮은가?	
	홀 청소 및 자리 정리가 계속적으로 잘 되고 있는가?	
	직원들이 손님들에게 캠페인 사항을 잘 전달하고 있는가?	
	고객 만족도가 어떤가?	
	고객 클레임은 없는가?	
마감	금일 매출 및 손익 상황을 파악하였는가?	
	고객수와 성별 등을 모두 파악하였는가?	
	익일 예약 확인을 하였는가?	
	직원들이 서비스 시 실수나 잘못한 행동에 대해 확인을 하였는가?	
	주방 식자재 발주를 하였는가?	
	홀의 집기 발주를 하였는가?	

★ 노무 체크리스트

직원을 둔 사장이라면 직원을 채용하는 순간부터 근로관계가 종료되는 시점까지의 노무 관계에 대해 확실히 알아야 합니다. 노무에 관해 제대로 된 체크가 되지 않으면 이는 바로 벌금 및 과태료로 이어질 수 있기 때문입니다. 개정된 2019년 근로기준법을 기준으로 함께 알아보는 시간을 갖으려 합니다.

① 많은 사장님들께서 "일용직 직원을 쓰더라도 근로계약서를 써야 하나요?"라고 물으십니다. 답부터 드린다면 '정규직, 일용직, 아르바이트 모두 근로 계약서를 써야 한다'는 것입니다. 해당 업장의 근로계약서가 법적으로 하자가 없는지 자가 체크를 해보도록 하겠습니다.

항목	벌금 및 과태료	체크
근로 계약서를 서면으로 체결했는가?	500만 원 이하 벌금	
서면으로 체결하였다면 교부했는가?		
취업 장소와 종사업무를 서면으로 명시했는가?		
임금의 계산, 지금 방법을 서면으로 명시했는가?		
임금의 구성항목 월급(일급,시급), 상여금, 기타 수당을 서면으로 명시했는가?		
임금의 지급방법을 서면으로 명시했는가?		
소정근로시간을 서면으로 명시했는가?		
휴일 및 연차유급휴가를 서면으로 명시했는가?		
근로자 명부를 작성하여 보관했는가?		
임금대장을 작성하여 보관했는가?		
근로자에게 최저임금을 지급했는가?	3년 이하 징역 또는 2천만 원 이하 벌금	
추가 근무(연장, 야간, 휴일근무)에 대해 임금대장을 작성하여 보관했는가? 또한 가산임금(1.5배)를 지급하고 이를 임금대장에 구분했는가?		

매월 1회 이상 일정한 날짜를 정하여 통화로 임금을 근로자에게 지급했는가?	3년 이하 징역 또는 3천만 원 이하 벌금	
1년에 8할 이상 출근한 근로자에게 15일의 연차유급휴가를 제공했는가?	2년 이하 징역 또는 1천만 원 이하 벌금	
근로자 퇴직 시 14일 이내 퇴직금, 금품을 청산했는가?	3년 이하 징역 또는 3천만 원 이하 벌금	
직장내 성희롱 예방교육을 1년에 1회 이상 실시했는가?	500만 원 이하 과태료	

② 그럼 위 체크리스트를 기준으로 해서 표준근로계약서 작성하는 방법을 알려드리겠습니다.

표준근로계약서(작성방법)

_____(이하 "사업주"라 함)과(와) _____(이하 "근로자"라 함)은 다음과 같이 근로계약을 체결한다.

1. 근로계약기간 :   년   월   일부터   년   월   일까지
   ※ 근로계약기간을 정하지 않는 경우에는 "근로개시일"만 기재
   ☞ 노사가 협의하여 결정하는 일을 하기로 한 기간

2. 근 무 장 소 :
   ☞ 일을 수행하기 위한 장소를 명기

3. 업무의 내용 :
   ☞ 어떤 일을 할지에 대한 내용을 기재

4. 소정근로시간 :   시   분부터   시   분까지(휴게시간 :   시   분~   시   분)
   ☞ 노사가 법정근로시간 내(하루 8시간, 주 40시간)에서 하루에 몇 시간을 일할지 정한 시

간을 기재, 휴게시간은 4시간에 30분, 8시간인 경우 1시간 이상을 주도록 소정근로시간
내에서 기재함

5. 근무일/휴일 : 매주   일(또는 매일단위)근무, 주휴일 매주 요일
☞ 일주일 중 어떤 날에 근무할지를 명기하며, 주중 근무하기로 한 날을 만근 하였을 경우
  부여하는 유급휴일(주휴일)을 어느 요일로 할지 결정하여 명기

6. 임 금
 – 월(일, 시간)급 : _____ 원
☞ 임금을 시간급으로 정할지, 주급으로 정할지, 월급으로 정할지 결정하여 그 금액 명기
 – 상여금 : 있음( ) _____ 원, 없음( )
☞ 상여금이 있으면 그 내용 및 금액에 대해 기재
 – 기타급여(제수당 등) : 있음( ), 없음( )
    _____원,   _____원
    _____원,   _____원
☞ 가족 수당, 자격증 수당 등 지급하기로 한 수당이 있으면 해당 내용에 대해 기재
 – 임금지급일 : 매월(매주 또는 매일) _____일(휴일의 경우는 전일 지급)
☞ 임금을 매월 언제 지급할 것인지에 대해 기재
 – 지급방법 : 근로자에게 직접 지급( ), 근로자 명의 예금통장에 입금( )
☞ 임금을 계좌로 지급할 것인지 등에 대해 노사간 협의 후 기재

7. 연차유급휴가
 – 연차유급휴가는 근로기준법에서 정하는 바에 따라 부여함
☞ ① 1년간 총 소정근로일의 80%이상 출근자에게 15일 부여, 1년 초과 매 2년마다 1일씩
     가산, 한도 25일
   ② 1년 미만 또는 1년간 80% 미만 출근자에게 1개월 개근시 1일 부여

8. 사회보험 적용 여부(해당란에 체크)
    □ 고용보험   □ 산재보험   □ 국민연금   □ 건강보험
☞ 사회보험 적용에 대한 해당 내용을 기재

9. 근로계약서 교부
– 사업주는 근로계약을 체결함과 동시에 본 계약서를 사본하여 근로자의 교부 요구와 관

계없이 근로자에게 교부함(근로기준법 제17조 이행)

☞ 근로기준법 제17조에 따라 근로계약 체결시 근로자에게 교부하여야 함을 알려주는 내용

10. 기 타

 - 이 계약에 정함이 없는 사항은 근로기준법령에 의함

년   월   일

(사업주) 사업체명 :   (전화 :   )

주 소 :

대 표 자 :   (서명)

(근로자) 주 소 :

연 락 처 :

성 명 :   (서명)

출처 : 고용노동부

③ 2017년에서 2018년이 되며 시급이 대폭 올랐고 2019년에도 2018년 대비 10.9% 인상이 되면서 노동 시장에도 많은 변화가 일어나고 있습니다.

구분	시급	월급
2019년	8,350원	1,745,150원
2018년	7,530원	1,573,770원
2017년	6,470원	1,352,230원

(이 표는 주 소정근로 40시간과 유급 주휴수당 8시간을 포함한 최저임금제도표입니다.)

보시다시피 최저임금이 인상됨에 따라 근로자는 과거보다 더 나은 임금을 받게 되었지만 반대로 영세 소상공인의 경영은 큰 부담을 갖게 되었습니다. 이에 고용노동부에서는 일자리 안정자금 등의 여러 지원 정책을 통해 경영부담 완화와 더불어 노동자의 고용유지를 위해 노력하고 있습니다. 그럼 이번에는 정부에서 지원하는 정책을 소개해드

리도록 하겠습니다.

항목	주소
일자리 안정자금	http://jobfunds.or.kr/#
소상공인마당	http://www.sbiz.or.kr/sup/main.do

④ 2019년에 근로기준법이 개정됨에 따라 1주간의 최대 근로시간이 제한을 받게 되었습니다.(2021년 7월 1일 ~ 2022년 12월 30일까지 상시 30명 미만의 근로자를 사용할 시 합의를 통해 8시간을 추가 연장할 수 있습니다. 단 15세 이상 18세 미만 근로자에게는 적용되지 않습니다.

> 1주 7일을 기준으로 52시간을 초과할 수 없음
>
> 기본 40시간 + 연장 12시간 = 총 52시간

⑤ 마지막으로 많은 분들이 가장 궁금해 하시는 주휴수당입니다. 주휴수당이란 주 15시간 이상을 근무하는 근로자가 1주일 동안 출근한 경우에 주1회 이상의 휴일을 부여하는데, 이때 유급으로 지급되는 것을 주휴수당이라고 합니다. 주 5일에 40시간미만 근로자라도 주 15시간 이상 근로 시에도 지급을 해야 합니다.

5장

지속 가능한 성공
프로세스 만들기

실패하지 않는 식당은 없다

손목이 움직이지 않아서 퇴사하겠습니다

　정직원 3명과 몇 명의 알바로 1억의 매출을 올렸습니다. 20테이블이 넘는 넓은 한식 매장에서 이렇게 적은 인원으로 말도 안 되는 성과를 올리는 저희는 기업 브랜드 안에서는 유명한 팀이었습니다. 가스 불 조절로 월 몇 십만 원을 아끼고, 마감 후에는 주방에서 양말만 신고 다녀도 물방울 하나, 먼지 한 톨 묻지 않을 만큼 청결하고 우수한 매장이었습니다. 당시 저는 매장 매니저였습니다. 제 위로는 사업부 최고의 점장이 있었고 제 아래로는 믿을 만한 캡틴도 있었으니 일하기 딱 좋았습니다. 문제는 할 일이 너무 많다는 것이었습니다. 20대였던 제가 사실 1달 매출 1억을 달성하며 버티기에는 정신적, 신체적으로 쉽지 않았습니다. 객 단가가 그 당시 약 7,800원이었으니, 매출을 1억으로만 잡았을 때 한 달에 어림잡아도 1만 3,000명의 고객이 온 것입니다. 다시 계산을 하면 하루에 450명의 고객이 온 것이고 20테이블의 매장을 하루에 6~7회 정도 회전시켜야 가능한 수치였습니다. 일하는 사람이 홀과 주방 포함해 평균 4~5명이었으니, 조금이라도 요리를 했던 분이라면 짐작할 수 있을 살인적인 노동 강도였습니다. 집에서 요리를 해보신 분이라도 쉽게 이해가 갈 것입니다.

당시는 이런 성과들을 자랑스럽게 말하고 뿌듯해 했지만, 지금 생각하면, 저는 그저 일만 할 줄 알았던 초보 경영자이자 요리사였다는 생각이 듭니다. 좀더 자책하자면 '실패한 요리사'였습니다. 그리고 제일 중요한 자기관리를 소홀히 하여 몸이 점점 망가졌고, 그것이 퇴사의 원인이 되었습니다. 퇴사뿐만이 아니었습니다. 오른손을 많이 사용했었던 저는 그 때의 결과로 지금도 오른손의 연골이 없는 상태여서 손목을 돌릴 때마다 통증을 느낍니다. 이는 저만의 문제가 아닌 모든 요리사들의 고충일 것이라고 생각합니다. 모든 업장의 요리사님들이나 사장님들도 힘든 업무로 인해 병 하나쯤은 갖고 있습니다.

젊다는 이유로 스스로의 몸을 지키지 못했던 저는 손을 못 쓰는 요리사가 되었습니다. 호기롭고 정열적으로 일을 했던 지난 몇 년과 보기 좋았던 경력들이 흔들리는 그 순간 제가 갖고 있던 초심도 흔들리기 시작하였습니다. 힘든 나날을 보내던 저를 본 어머니는 저를 향해 한 마디를 던지셨습니다.

"아들아, 요리사가 꼭 주방에서 일하는 것만이 답이 아니란다."

너무 단순하지만 눈이 번쩍 뜨이는 말이었습니다. '요리사가 꼭 주방에서 일을 하지 않아도 된다고?' 스스로에게 물음을 던지며 하얀 종이 위에 내가 요리사로서 할 수 있는 일을 적기 시작했습니다.

저는 퇴사를 하고 무엇을 할까 고민을 했습니다. 그러던 중 그나마 신체적으로 무리가 적었던 바리스타 일을 시작하게 됩니다. 요리사가 꿈이었던 제가 바리스타를 한다고 해서 제 삶의 목적을 잃은 것은 아니었습니다. 요리사가 커피를 만든다고 손가락질 하는 사람은 없습니다. 그것은 자신이 하는 자책일 뿐, 저와 같은 경험이 있으신 분이라면 스스로를 비판할 이유가 전혀 없습니다. 혹시나 자신에게 이러한 경험을 통해 스스로에게 혹독하게 생각하는 요리사가 있다면 저는 이렇게 말하고 있습니다.

"당신이 요리사로서 할 수 있는 일은 무한합니다."

실패는 두려운 것이 아니다

우리는 살면서 항상 실패를 맛봅니다. 사실 인생이 실패의 연속이라 말해도 과언이 아닐 정도로 우리는 실패를 항상 체험하며 살고 있습니다. 실패를 반복하는 것이 우리의 삶이지만 그것을 인정하거나 딛고 일어서는 것은 무엇보다 힘이 듭니다. 그 이유는 실패가 우리에게 상처를 준다고 생각하기 때문입니다. 하지만 앞의 제 이야기를 보시더라도 실패는 절대 상처를 주지 않는다는 것을 알 수 있습니다.

이제 그 실패를 성공으로 바꿀 때가 되었습니다. 더 이상 실패를 맛볼 이유도 없을 뿐더러, 실패를 할 시간도 없습니다. 제가 실패를 성공으로 바꿀 수 있었던 '성공 만들기 3단계'를 공개합니다.

첫 번째는 메모장이든 다이어리든 적을 수 있는, 기록할 수 있는 모든 수단을 동원하여 하루에 '내가 감사하는 3가지'를 쓰는 것 입니다. 이를 통하여 얻을 수 있는 것은 실패 경험의 3배에 달하는 성공을 체험할 수 있다는 것입니다.

지금까지 몇 번씩 반복하여 말씀드렸지만 실패는 항상 우리 주위에 있기 때문에 두려워 할 필요가 없습니다. 내가 감사하는 3가지를 적는 순간 그 실패는 모두 없어지고 모든 세상이 감사 덩어리로 변하게 됩니다. 이 모든 것을 체험하기까지 딱 3주의 시간이 지나면 감사와 성공을 논하며, 실패와는 거리가 있는 사람으로 변할 것이라 저는 확신합니다.

두 번째로는 '긍정의 이벤트를 공유하라'입니다. 저는 요리를 시작한 이후로 가족들과 밥을 먹은 적이 손에 꼽을 정도로 적었던 것 같습니다. 사람들이 쉬는 날에 일하는 요리사, 자영업자에게는 가족과 함께 밥 먹는 것은 꿈같은 일과도 같습니다. 저 같은 경우에도 하루에 수백 명의 고객을 위해 정성껏 식사를 제공했던 모습과는 반대로 몇 년 동안 가족과 식사 자리를 제대로 가질 수 없었던 것이 현실이었습니다.

저는 제 마음 안에 있는 긍정의 이벤트를 공유하기로 선포한 뒤로 좋은 일이나, 에너지가 넘치는 일상이 있다면 사진을 찍고 제 개인 SNS를 통하여 공유하기 시작했습니다. SNS를 통하여 공유를 해도 좋고 익명의 어느 곳에서 공유를 해도 상관없습니다. 나의 즐겁고 흥미로운 일상을 주제로 하나씩 공유하게 된다면 매일 즐거운 일이 있는 사람으로 자연스럽게 변해있을 것입니다.

세 번째로는 '좋은 언어 사용하기'입니다. 앞서 말했듯 제가 요리를 처음 시작한 곳에서 들은 첫 마디는 "야 이 새끼야!"였습니다. 주방에 들어가는 순간 저는 새끼가 되었습니다. 지금은 많은 부분 개선이 되었지만 몇 년 전만하더라도 주방은 욕설이 난무했습니다. 저는 입사 첫날 '요리를 잘하는 최고의 요리사가 되겠어!'라는 결심보다 '난 절대 주방에서 욕하지 않는 사람이 되겠어!'라는 결심을 했습니다. 그리고 어느 정도 위치가 됐을 때에도 이 약속은 지키기 위해 항상 노력을 했습니다.

주방에서 욕 하지 않는 것이나 우리 일상에서 좋은 언어만 사용하는 것은 꽤나 힘듭니다. 하지만 좋은 말은 좋은 결과로 직결된다는 것은 한 달 후 결과로 알 수 있습니다. 한 달만 좋은 언어를 사용하신다면 독자 분들의 삶이 긍정밖에 없는 삶이 되실 것이라 확신합니다.

성공 만들기 3단계인 '내가 감사하는 3가지 기록하기', '긍정의 이벤트 공유하기', '좋은 언어 사용하기'를 실행하신다면 감히 말씀드리지만, 독자 여러분의 실패는 더 이상 실패로 느껴지지 않을 뿐더러 성공으로 가득 찬 삶을 사시게 될 것입니다.

오늘도 독자들은 여러 가지를 고민하고 계실 것입니다. 매장 사장님이라면 매출 문제, 직원 급여 문제, 월세 문제 등이 있을 것이고, 요리사라면 스케줄 문제, 물품 발주 문제, 직원 관리 문제 등등이 있을 것입니다. 문제라면 문제가 될 것이고, 성공을 위한 밑거름이라 생각하시면 그렇게 느끼실 것입니다. 성공과 실패는 종이 한 장의 차이입니다. 제가 말씀드린 '성공 만들기 3단계'를 진행하시면 위의 고민하시는 문제들은 더 이상 고민거리가 아닌 감사거리와 성공의 밑거름으로 사용될 것입니다.

　오늘 하루는 어떠셨습니까? 매장의 직원이 지각을 했습니까? 직원이 컨디션이 좋지 않아 그랬던 것일 수도 있습니다. 혹은 오늘 매출이 어제보다 낮게 나왔습니까? 그것은 내일 더 잘되기 위한 과정일 뿐일 것입니다. "허무맹랑한 소리를 하고 있네."라고 생각하시는 분들도 있을 겁니다. 하지만 마인드 변화의 첫 번째는 긍정적 시각입니다. 업장의 사장님, 주방의 셰프 분들이 이런 긍정적인 생각을 행동으로 실행한다면 매장, 혹은 업장은 어떻게 변할까요?

　마지막으로 저와 같이 볼까요. 업장의 사장님이 늦게 온 A에게 훈계하며 다그치지 않고, 무슨 일이 있었느냐고 물어봅니다. 이에 늦은 A는 사정을 말하고 사장님은 이런 A에게 공감해주며 격려를 합니다. 물론 따끔하게 충고할 때도 있어야 하지만 평소와 다른 사장님의 변화에 A는 어떻게 느낄까요? 과연 사장님을 무시할까요? 아닙니다. A는 친절한 사장님에게 인정받기 위해 열심을 다할 것입니다.

　이제까지 '성공 만들기 3단계'를 말씀드렸습니다. 마음이 바뀌어야 환경도 바뀌고 결론적으로 긍정적인 미래를 창조합니다. 항상 긍정적인 에너지로 성공을 만들어 가시길 바랍니다.

목표를 정하라

수학 문제에 답이 있듯 식당 성공에도 답이 있고 법칙이 있습니다. 이제까지 식당 성공에 대한 문제를 푸시며 많은 어려움들이 있으셨을 것입니다. 독자 분들께서 성공한 사람들을 보면 무슨 생각이 드시나요? 대개 '나랑 별반 다를 것 없는데, 나는 왜 안 되지?'라고 자책하는 분들도 있을 것이고, '그냥 저 사람은 운이 좋아서 성공한 것일 거야.'라고 말하며 지나가는 분들도 계실 것입니다. 과연 성공하고 잘되는 사람에게는 어떤 비결이 있을까요?

목표를 관리하라

이제 본격적으로 성공에 대해 논해보려고 합니다. 성공을 이루는 가장 첫 번째 법칙은 수치화된 목표를 정해야 한다는 것입니다. 여기서 제가 말하는 목표는 '돈을 많이 벌고 싶어요.', '더 이상 돈 걱정 안하게끔 벌고 싶어요.' 등을 의미하는 것이 아닙니다. 수치화된 목표는 바로 정확하고 명쾌한 목표를 뜻합니다. '이번 연 매출은 10억으로 잡겠어.', '월 매출을 5,000만 원으로 잡겠어.' 등의 상세한 목표가 필요하다는 것입니다. 이제껏 목표에 대해 어떻게 정하시고 사셨나요? 만약 지금까지 구체적인 목표가 없으셨다면 매장에 맞는 자세한 목표들을 세워주시기 바랍니다. 액수는 크면 클수록 더욱 좋습니다.

목표를 이루는 두 번째 방법으로는 목표에 대한 최종기한을 만들어야 한다는 것입니다. 목표가 있더라도 그를 통제하는 시간이 없다면 탄력 받지 못할 것입니다. 예를 들어 여러분의 매장에서 한 달 매출을 5,000만 원으로 잡으셨다면 그것을 최소한 언제까지 이룰 지에 대해 정해야 한다는 것입니다. 마냥 '나는 5,000만 원의 매출을 달성할 거야.'라고 말하면 그 목표는 빨리 이루어지지 않습니다. 정확히 '이번 년까지 월 매출 5,000만 원을 안정화시킬 거야.'라는 세부적인 날짜 설정이 중요합니다.

세 번째로는 목표를 이루기 위해 부정적인 요소들과 생각들을 버리고 항상 긍정적인 생각들만 한다는 것입니다. 만약 항상 50만 원의 매출을 평균으로 올리던 매장이 어제는 10만 원의 매출을 달성했다면 분명 오늘 일하는 것이 너무나도 불편하고 불안할 것입니다.

'오늘도 어제와 같이 매출이 낮게 나오면 어떡하지?', '어제 매출 10만 원이라니, 오늘 정말 일하고 싶지 않아.' 등의 부정적인 생각들을 하게 되면 그 생각들은 고스란히 내 행동과 얼굴로 드러나게 됩니다. 그리고 우려했던 일들은 현실로 일어나겠지요. 우리는 이제 어떻게 해야 할까요?

어제 10만 원 밖에 못 벌었더라도 '오늘 얼마나 잘되려고 그랬을까?'라고 생각하며 오늘도 좋은 하루가 되길, 좋은 성과를 내길 기대하며 목표를 마음에 심고 살아가야 할 것입니다.

네 번째로는 함께 도전할 사람들을 모집하는 것입니다. 새와 같은 조류의 경우 가까운 거리를 이동할 때에 혼자서도 비행하는 것을 쉽게 볼 수 있습니다. 하지만 먼 비행을 할 때에는 떼를 지어 날아갑니다. 그 이유는 바람의 저항을 최소화하여 효과적인 비행을 할 수 있기 때문이기도 하지만 새들이 집단으로 움직이며 목표를 향한 힘든 시간들을 함께 버틸 수 있기 때문입니다. 자연의 이치와 같이 우리들의 삶도 이와 똑같습니다. 목표가 있다 하더라도 혼자서 그 목표를 위해 가면 분명 너무 빨리 지치게 될 것입니다.

다섯 번째는 목표를 이루기 위한 작은 성공에 집중하고 그것을 이룰 때마다 자신을 격려해야 한다는 것입니다. 매장의 매출이 당장에 10만 원인데 '3개월 뒤 하루 매출을 50만 원으로 잡고 열심히 일할 거야!'라고 목표를 정하고 말하는 것은 동기부여가 쉽게 되지 않을 수도 있습니다. 그럼 어떻게 해야 할까요? 다음 달은 우선 15만 원을 목표로 하고 그 다음 달은 15만 원을 마중물 삼아 30만 원을 목표로 잡는 것입니다. 그리고 마지막 3달째에는 50만 원으로 목표를 정한다면 훨씬 수월하게 느껴질 것이기 때문에 동기부여도 잘 될 것이라고 생각합니다. 더불어 작은 목표를 이뤘을 때 자신을 더욱 독려하고 보상한다면 더욱 탄력을 받을 수 있을 것입니다.

여섯 번째는 성공을 항상 형상화하고 말로써 뱉는 것입니다. 이런 행위들을 흔히 네빌링(Nevilling, 잠재의식을 변화시키는 기술)이라고 하는데 여기서 네빌링이라 함은 목표를 정신 안에서 형상화하고 말로 선포하는 행위를 말합니다. 예로 들어 다음 달 목표를 일 매출 70만 원으로 잡았습니다. 그럼 그것을 이루기 위한 계획을 짜는 것이 맞겠지요? 그 다음에는 그 계획에 따라 움직이면서 계속적으로 일에 몰입하며 입으로 나의 목표를 반복하여 말하는 것입니다. 70만 원이 목표라면 하루에 3번 '나는 일 매출 70만 원의 목표금액을 이룰 것이다.' 혹은 '이미 나는 70만 원의 목표를 이루었다.'라는 말을 반복하고 머리로 이미 나는 70만 원을 이룬 것처럼 인식하게끔 하는 것입니다. 내가 만약 이미 다음 달에 70만 원의 목표금액을 이루었다고 가정한다면 느낌이 어떨까요? 그 매출을 불가능한 금액이 아닌 손쉽게 이룰 수 있는 평범한 목표가 될 것이고 앞으로는 너무 쉽고 당연한 목표가 될 것입니다.

일곱 번째로는 목표의 마지막 과정에 집중하는 것입니다. 축구를 보다보면 가장 실점을 많이 하는 시간 때가 전반 35분부터 45분, 그리고 후반도 35분부터 45분이라고 합니다. 그만큼 마지막 시점에서 집중력이 흐려짐을 알 수 있습니다. 주방에서도 마찬가지입니다. 가장 사고가 많이 나거나 체력적으로 힘든 때는 바로 마감시간일 것입니다. 온몸에 진이 빠지고 정신이 흐릿해지는 그 시간 말입니다. 그럼 우리는 목표의 마지막을 맞으며 어떻게 대처를 해야 할까요? 그 답은 나의 힘의 90%를 일이 90% 진행되었을 때 사용하는 것입니다. 평소에는 실력과 기술로 성과를 달성하고 마지막에 다가왔을 때는 에너지를 전력으로 쏟아 그 목표를 향해 달려들어야 할 것입니다.

지금까지 목표를 이루기 위한 일곱 가지 방법에 대해 알아보았습니다. 위의 방법들을 사용함으로써 목표를 이루며 재미를 느낀다면 더 큰 목표를 위해 뛸 수 있는 힘이 생길 것입니다. 하지만 목표를 위해 뛰다 보면 참 많은 것들이 장애물로 느껴지기 마련입니다. 그때마다 우리는 감사하는 마음으로 겸허하게 그 장애물들을 맞이하고 해결해야 할 것입니다. 만약 실패를 경험한다면 어떻게 해야 할까요? 타인을 원망해야 할까요? 아닙니다. 그 실패를 스스로 인정하고 책임져야 합니다. 그렇게 한다면 다음 일을 도모할 수 있는 힘이 생기고 상황이 변할 수 있는 환경을 충분히 만들 수 있을 것입니다.

우리는 매일 삶의 현장에서 목표를 계획하고 실행하게 됩니다. 자연스럽게 수많은 도전을 하게 될 것이고 그 결과로 성공과 실패를 경험할 것입니다. 현장에서 많은 선후배님들과 대화를 하다보면 '내가 해봐서 아는데, 도전하는 것이 아름답긴 해도 아무 필요 없더라.'는 말을 참 많이 듣습니다. 수많은 실패를 겪으며 무뎌진 이런 이야기를 들을 때마다 현장에서 열심히 일하고 계시는 선후배님들의 고충과 고통을 깊이 이해하기에 더욱 마음이 아픕니다.

경험이 많이 쌓일수록 도전에 대한 열정이 없어질 수도 있습니다. 하지만 그런 생각을 하고 있을 분들도 그 자리에 이를 때까지 끊임없는 도전을 했음은 틀림없습니다. 오늘 무너지고, 내일도 무너질 수 있습니다. 하지만 그런 때일수록 그 상황을 전면으로 맞이하고 다시금 계획을 짜서 실행해야 한다는 것이 성공의 가장 큰 노하우라고 생각합니다.

직원이 저절로 움직이는 습관 만들기

　성공을 이루기 위해 목표를 정하였다면 그다음 스텝은 바로 리더십을 정확히 설정하는 것입니다. 리더십이 왜 중요할까요? 사업은 혼자할 수 없기 때문입니다. '나 혼자 사업해서 리더십은 필요하지 않는데?'라고 말하실 수도 있겠지만, 리더십은 직원에게만 영향력을 끼치는 것이 아니라 거래처, 고객과 같은 모든 관계에서 중요합니다.

　이제까지 이 사회에서 통용되었던 리더의 이미지는 지시형 리더십이었습니다. 카리스마 있고 강한 모습을 보여줌으로써 직원들이 따라오게하는 강한 리더십이었습니다. 그동안 우리는 "일을 이렇게 하면 같이 일할 수 있겠어요? 다시 해오세요."라든지 "다들 오늘 죽었다고 생각하시고 일에 집중하세요."라고 직원에게 말한 적이 있으셨나요? 만약 이런말을 하였다면 과연 듣는 사람의 입장에서는 기분은 어떠했을까요? 직원들의 입장에서는 잘리기가 싫어 따라갈 수밖에 없었을 것입니다.
　그렇다면 지금 이 시대에서는 과연 어떤 리더십을 갖추어야 할까요?

그것은 바로 팔로우만 주장하는 리더가 되지 말고 팔로워를 하는 리더가 되는 것이라 생각합니다. 여기서 팔로우(Follow)는 누군가를 따른다는 뜻을 갖고 있으며 팔로워(Follower)는 말 그대로 따르는 자를 뜻합니다.

내용을 정리하면 대한민국에서의 사장은 이제껏 팔로우미(Follow Me! 나를 따르라!)를 외치며 직원들을 독려하였습니다. 권위를 내세운 이면에는 아무런 설명과 이유도 없었던 것이었습니다. 하지만 시대의 변화에 따라 의식의 세계가 넓어진 직원들은 왜 자신이 리더를 따라야 하는지에 대한 명분이 없으면 움직이지 않게 되었습니다. 이해가 되지 않으면 자연스럽게 소극적인 행동을 취하게 되고 회사의 목표 달성에도 문제가 생기게 되었습니다. 시대의 변화에 맞춰 현재는 자연스럽게 직원들을 팔로워(Follwer)하는 리더들이 많아지게 되었습니다. 수평적인 관계를 직원들과 유지하며 소통하는 리더가 나타나게 된 것이었습니다.

그렇다면 이제까지 직원들은 왜 오너(리더)를 따랐을까요? 그 이유는 '돈을 벌기 위해서'였을 것입니다. 하지만 단순히 돈을 벌기 위하여 일을 하고 오너를 따르는 시대는 갔습니다. 이제는 가치를 위해 일하는 사람들이 생겨나기 시작했습니다. 당장 급여가 적더라도 자신의 미래에 대해 준비하는 사람들이 많아졌고, 당장의 이익을 위해 일하기보다 앞으로의 미래를 보고 일하는 사람이 많아지기 시작했습니다. 바로 일(work)에 대한 패러다임(paradigm)이 바뀌고 있음을 말씀드릴 수 있습니다.
빠르게 변하는 시대에 맞추어 외식업계에서는 어떠한 리더십을 발휘

해야 할까요? 이전까지의 리더십을 정리해 본다면 안정성, 성실성, 외향성으로 말할 수 있을 것입니다. 하지만 현재는 어떤가요? 힘과 카리스마를 강조했던 옛날과 다르게 근래에 들어서는 수평과 합리성, 포용력을 갖춘 리더십이 힘을 얻게 되었고 이는 관계 지향적 리더십의 장을 열게 되었습니다.

이제껏 수많은 리더들과 호흡을 맞추기도 했고 리더로써 진두지휘를 하며 시간을 보내기도 했습니다. 그 시간이 항상 유쾌하지는 않았지만 제가 최근에서야 들었던 생각은 리더십은 리더만이 갖추어야 할 것이 아니고 직원들도 갖추어야 하는 덕목이라는 것이었습니다. 리더가 힘들 때 부하 직원이 리더십을 발휘하여 진두지휘할 수 있는 것이고 이러한 소통체계를 유지한다면 그 공동체는 항상 같은 기능과 성과를 올릴 수 있다고 생각했습니다.

리더십은 서로를 위하는 마음에서 출발하는 것입니다. 그러기 위해 서로를 미워하지 않는 것은 당연한 것이며 사랑하고 이해하며 존경해야합니다. 자신이 힘들 때 업장의 가족으로써 도와줄 수 있는 사람은 동료밖에 없으며, 직원의 고통이나 슬픔을 들어주고 이해해줄 사람은 업장의 동료밖에 없을 것입니다. 항상 직원들의 마음을 이해해주고 위하는 사장님이 되시기를 진심으로 응원하겠습니다.

자신감을 얻는 5가지 방법

이제 나의 모든 것을 쏟아 부어야만 합니다. 독자 여러분들의 설정 목표는 무엇입니까? 일 매출 100만 원입니까? 혹은 1,000만 원입니까? 지금까지 많은 과정을 함께 나누고 공부해보았습니다. 이제 필요한 것은 할 수 있다는 자신감뿐입니다. 자신감을 얻는 방법을 총 5가지 방법으로 정리해보았습니다.

자신감을 얻는 방법 중 제일 중요한 첫 번째는 정해진 것은 없으니 모든 것을 이룰 수 있다는 생각을 하는 것입니다. 우리는 삶을 살며 은연중에 많은 것들을 결정하며 살고 있습니다. 예를 들어 '나는 안 될 거야.', '이런 매출이 계속되면 망하진 않을까?' 등의 생각들을 할 수도 있을 것이고 '이번 달 돈 많이 벌어서 저 차를 꼭 사겠어!', '느낌 좋은데? 이번 달 열심히 일해보자!'와 같은 생각을 하기도 할 것입니다.

내가 안 된다고 생각하고 말로 그 생각을 말한다면 그 일이 잘 풀린 기억이 있으신가요? 결코 일이 잘 될 수 없었을 것입니다. 만약 잘 되더라도 그 잘 풀리는 상황을 의심하였을 것입니다. 또한 '매출이 계속 낮아지면 망하지 않을까?'라는 말은 내가 망할 것임을 예감하는 동시에 부정적인 생각을 확정하는 말입니다.

정해진 것은 하나도 없지만 정하는 순간 모든 것을 이룰 수 있습니다. 만약 차를 갖고 싶다면 그 차를 상상하시기 바랍니다. 그 멋진 차를 갖기 위해 독자 분들께서는 무엇부터 시작해야 합니까? 바로 차를 구매하기 위해 지금의 업장에서 최선을 다해서 돈을 벌어야 합니다. 그렇다면 돈을 벌기 위해 생각해 놓으셨던 아이디어가 자연스럽게 하나하나씩 떠오를 것입니다. 모든 것을 이룰 수 있다는 생각이 자신감을 얻는 시작이자 성공을 이루기 위한 시작입니다.

두 번째 방법은 주변을 정리하는 것입니다. 우리는 주위 사람들의 시선이나 말들에 정말 민감하고 신경을 많이 씁니다. 인간은 사회적 동물이라는 말이 있듯이 자기 자신은 아무리 '남 시선 따위 신경 쓰지 않을 거야.'라고 다짐해도 그 다짐은 말 뿐이라는 것을 금세 알 수 있습니다.

사람은 인정받기 위한 동물이라는 특성을 인식하고 인정해야 합니다. 그렇다면 우리는 어떻게 대처해야 할까요? 어떻게 해야 주변 시선에서 자유스러워 질까요? 바로 앞서 말씀드렸다시피 주변을 정리하는 것입니다.

주변 지인들과 연락을 끊으라는 말도 사람들을 피하라는 말이 절대 아닙니다. 자신에게 효과적으로 집중하고 타인과의 관계도 적절하게 맺으며 균형 있는 삶을 위해 주변을 정리해야 한다는 것입니다. 타인의 시선과 평가를 피하는 삶을 살기는 힘들지만, 나에게 최대한 집중하며 자신에 대한 확신을 키워가는 것이 자신감을 얻는 두 번째 방법입니다.

세 번째 방법은 나에 대해 깊은 성찰하는 것입니다. 주변이 정리되면 평온해진 가운데 자신에게 더욱 집중할 수 있는 시간과 에너지가 생기게 됩니다. 그 집중할 수 있는 시간을 활용하여 나에 대해 좀더 깊이 알아가는 시간을 가져야합니다.

'지피지기 백전백승'이라는 말이 있습니다. 나를 알고 상대를 알면 백 번을 싸우더라도 모두 이길 수 있다는 말입니다. 여기서 우리가 주목해야 될 것은 '나를 알고'라는 대목입니다. 나를 아는 것이 모든 일의 시작이자 이길 수 있는 시작이라고 말씀드릴 수 있습니다.

문제가 생길 때마다 가장 많이 하는 말은 '네 탓이야!'라고 남을 탓하는 것입니다. 반대로 '그건 내 탓이야.'라고 말하는 경우는 거의 듣지 못했으리라 생각합니다. 이처럼 우리는 이제 처음으로 돌아가 나에 대해 되돌아보고 충분히 알아가는 시간을 가져야합니다.

네 번째 방법은 과거를 버리지 않고 미래로부터 자유로워야 한다는 것입니다. 제가 제일 좋아하는 말 중에 '오래된 미래'라는 말이 있는데 쉽게 해석하면 과거를 인식하고 현재를 안다면 미래를 살 수 있다는 말입니다.

제 과거를 생각해 보면 이기적이며, 충동적이고, 폭력적인 사람이었습니다. 하지만 지금은 그 과거의 모습을 극복하고자 이기적인 나를 버리고 타인의 입장에서 생각하려 하고 일을 시작하려 하기 전에 더 생각하고 일을 계획하게 되었습니다.

미래의 나는 이타적이며, 계획적이고 평화로운 사람이 될 것이라 생각하고 더욱 열심히 현재를 살아가고 있습니다. 과거를 잊고 버린다고 현재의 내가 행복해지지 않습니다. 과거를 자양분 삼아 현재의 삶에 더욱 충실하다면 밝은 미래가 펼쳐진다는 점을 꼭 알아두셨으면 좋겠습니다.

마지막 다섯 번째는 모든 것들에 감사하고 사랑하는 마음을 갖는 것입니다. 역설적이지만 감사와 사랑을 실천하는 것은 세상에서 가장 쉬운 일이자 어려운 일입니다. 만약 제가 음식점을 운영하고 있는데 그 옆에 다른 음식점이 들어와서 손님을 뺏어가는 상황이 펼쳐졌습니다. 우리는 순수하게 옆 가게 사장님에게 축하해줄 수 있을까요? 쉽게 그러지 못할 것입니다. 하지만 다시 생각해보면 옆 업장이 잘 되어야 더 많은 사람들이 이 거리를 찾을 것입니다. 당장에 가게 손님이 줄 수 있었지만, 미래를 보았을 때에는 더 좋은 효과를 가질 수 있습니다. 이렇게 감사하고 사랑하는 마음을 진정으로 갖는다면 모든 상황이 바뀔 것이고 현실을 역전시킬 강한 에너지로 변할 것입니다. 내 자존감을 높일 수 있는 가장 큰 힘은 바로 감사와 사랑입니다.

카페를 운영하게 된 첫째 날이었습니다. 음식점을 운영하며 일 매출을 300~400만 원 기록하는 것이 기본이었는데, 일 매출이 48,000원이라니 참으로 암담하고 속상했습니다. 차에서 많은 생각들을 하며 서러움에 펑펑 울어보기도 했지만 바뀌는 것은 하나도 없었습니다. 그저 나는 48,000원짜리라는 생각에 자존감만 낮아질 뿐이었습니다. 이를 며칠 만에 극복했다고 하면 거짓말일 것입니다. 누구보다 스스로를 자책하고 고개를 들지 못할 정도로 부끄러웠습니다. 하지만 이런 상황에도 불구하고 저는 감사한 마음을 갖기로 다짐했습니다. 왜냐하면 저는 당시 팔목을 잘 쓰지 못하는 요리사였기 때문이었습니다. 수많은 시간 동안 칼을 쓰고 팬을 돌리며 손목의 연골은 없어지고 손목터널증후군으로 인해 팔목을 제대로 사용하지 못하게 되었는데 이런 큰 핸디캡을 갖고 있었던 저에게 카페 일은 다시 일어설 수 있는 천금과도 같은 기회였습니다. 모든 과정이 제게는 감사로 다가왔습니다. 어느 일이 되었든 고객과 마주하며 일을 할 수 있는 것 자체가 행복하고 감사했기 때문이었습니다.

일을 하며 초심과는 다르게 수많은 의심과 물음을 가질 때가 올 수 있고 그런 의심과 물음으로 인해 큰 슬럼프도 겪을 수 있습니다. 하지만 그때마다 쓰러진 자신을 일으켜 세울 수 있는 것은 자신감으로부터 시작합니다. 그 자신감을 잃게 되면 끝없는 추락과 고통의 길로 빠지게 되기에 자신감을 얻는 5가지 방법에 대해 말씀드렸습니다. 자신감은 도약을 할 수 있는 힘이자, 힘든 시간을 버틸 수 있는 힘입니다. 때로는 흔들리고 지칠 수 있겠지만 항상 자신을 응원하고 믿어주며 성공을 만들어 가시길 바랍니다.

당신이 어떤 삶을 살든, 나는 당신을 응원할 것이다

    많은 경제 전문가들은 2019년 기준으로 향후 몇 년간 경제 상황은 더욱 안 좋아질 것으로 예상하고 있습니다. 저 또한 그렇게 생각을 하기에 앞으로의 자영업자들이 겪을 고통은 배가 될 것이라 생각합니다. 이런 안 좋은 경제 상황 속에서 어떻게 해야 성공을 이룰 수 있을까요? 성공하는 사업가가 되기 위한 방법을 나누어 보겠습니다.

    첫째로 담당할 일과 회사 전체에 관한 일을 모두 알아야 합니다. 제가 주방에서 일을 한지 얼마 되지 않았을 무렵 식기세척기가 고장난 적이 있었습니다. 저는 주방의 책임자에게 이 사실을 말하고 어떻게 해야 할지 물어봤습니다. 하지만 돌아왔던 대답은 "나도 모르니까 알아서 고쳐봐!"였습니다. 주방에서 일한지 얼마 되지도 않았던 제게 알아서 해결하라는 무책임한 말을 들으니 큰 회의감에 빠졌습니다. 그 책임자가 스스로 성장하도록 이렇게 행동한 것이라면 할 말이 없겠지만, 좋은 리더십도 아닐뿐더러 훌륭한 전문가의 모습도 아니라고 생각했습니다.

저는 식기세척기에 붙어있는 AS센터에 전화를 해서 당장 써야하니 수리법을 알려달라고 해 힘들게 고쳐서 다시 설거지를 한 적이 있었습니다. 이런 경험을 했던 저는 책임자가 되었을 때에 함께 일하는 직원들을 모아놓고 식기세척기가 고장 났을 때 어떻게 대처해야 할지 자세히 알려줄 수 있게 되었습니다. 이처럼 사업에 있어서 자기 분야에 최선을 다하고 지식을 쌓는 것은 성공의 시작이자 기본이라고 말씀드리고 싶습니다.

둘째로 목표를 정하고 그것을 동료들과 나누어야 합니다. 1인 기업을 운영한다면 이야기가 다르겠지만, 일반적으로 음식점을 한다고 하면 2명 이상의 인원이 업장에서 일을 하게 됩니다. 각자의 일을 맡고 있는 직원들이 동상이몽에 빠져 있다면 어떠한 현상이 일어날까요? 톱니의 이가 다르면 서로 마모가 생고 톱니가 부러지게 되듯 목표에 대해 정확히 공유가 되지 않으면 이는 분열로 이어지고 실패라는 결과를 초래할 것입니다. 성공하는 사업가는 분명한 비전과 목표를 갖고 있습니다. 그리고 그것을 직원들과 나눕니다. 직원들은 그런 사장에게 에너지를 받고 각자 위치에서 최선을 다합니다. 그리고 목표를 이루었을 때에는 서로가 축하하면서 다음 프로젝트를 준비할 수 있는 힘을 얻게 됩니다. 성공한 사업가는 단순히 일만을 알려주는 사람이 아닙니다. 바로 비전과 목표를 제시하는 사람입니다.

셋째로 자기 자신을 아끼고 돌보아야 합니다. 집중하다보면 수면이 줄 수도 있고 자기 생활의 리듬을 잃을 때가 많습니다. 하지만 사업가의 몸은 자신만의 몸이 아니라는 것을 인식해야 합니다. 책임져야 할 자신의 가족들 말고도 수십, 수백 명의 직원이 존재합니다. 그렇기에 항상 건강관리에 힘써 최상의 컨디션을 유지해야 합니다.

넷째로는 항상 긍정적인 사람과 관계를 만들어야 합니다. 에너지는 상호보완적입니다. 열심히 일하지 않는 사람, 열정이 없는 사람, 자존감이 낮은 사람, 부정적이고 리액션이 없는 사람들을 항상 경계하고 피해야 합니다. 현장에서 일을 하다보면 항상 긍정적인 사람을 만나보기는 힘들지만 이를 인지하고 항상 좋은 사람과 관계하는 것을 즐기고 귀하게 여길 수 있는 사람이 되어야 합니다.

마지막으로 일이 잘 풀리지 않을 때에도 성실히 노력을 해야 하는 것이 성공하는 사업가가 되는 마지막 방법임을 말씀드리고 싶습니다. 이 세상에서 제일 애쓰고 노력하는 사람은 바로 '갓난 아기'라고 생각합니다. 갓난 아기는 배고프면 온몸을 다해 울어서 그 의사를 표현하고, 대소변을 본 후 찝찝함에 또 한 번 온몸을 다해 울어 재낍니다. 일상에서 일이 잘 풀리거나 신이 날 때 일하는 것은 무척 즐겁고 쉽습니다. 하지만 일이 안 풀릴 때는 어떨까요? 출근과 동시에 퇴근할 생각만 하게 될 것입니다. 하지만 그럼에도 불구하고 억지로라도 열심히 하고 애를 쓴다면 결국에는 일에 열중할 수 있게 되고 힘든 상황에서도 성과를 내어 성공할 수 있게 될 것입니다.

★ 업장 운영 가이드

업장을 운영할 때 꼭 필요한 가이드를 마지막으로 소개합니다. 업장을 관리할 때 각종 매뉴얼은 전쟁터에서의 총과도 같습니다. 별거 아니라 생각했던 것들이 매출로 직결될 수도 있고, 큰 사고를 미연에 방지할 수도 있습니다.

① 관공서 점검 시 응대 매뉴얼

업장 운영 시 식약처나 위생과 직원이 방문할 때마다 진땀을 뺐던 기억이 아직도 납니다. 현장에서 근무를 하며 실제로 유통기한이 지난 식자재를 써서 영업정지 1개월을 받은 업장도 더러 보았습니다. 항상 유통기한을 준수하는 것은 물론이고, 매뉴얼을 비치하여 사장님이 부재 시 직원들이 효과적으로 응대할 수 있도록 만반의 준비를 해 놓아야 합니다.

1.상황별 응대 방법

① 책임자 부재 시: 아르바이트생 혼자 응대하지 않고 업장 책임자에게 연락하여 지시 사항 황인

② 점포가 바쁠 시: 손님이 너무 많은 상황을 최대한 정중히 설명한 후 추후에 방문해 달라고 말씀을 드림

2.업장의 기물을 회수해갈 시

전문 소독액, 세척액, 식품 첨가물 소독제를 준비해 놓았다가 회수 전 최대한 뿌린다.

3.방문자 응대 매뉴얼

① 점검자의 신분 및 점검 목적을 확인한다.(공무원증, 식약처 공무원증)

② 업장 책임자가 없을 경우 책임자에게 전화를 해서 점검 왔음을 알린다.

③ 잠깐 기다리라고 한 사이에 준비해 놓았던 위생 장갑을 끼고 세정액(스프레이)을 주요 집기에 뿌려 살균을 실시한다. 이는 음식 외 외부오염을 막기 위해서다.

④ 수거 확인증을 수령한다.

② 배달 직원 교육 매뉴얼

배달 고객이 늘어나면서 홀에서만 음식을 판매하던 업장들도 배달을 하는 경우가 많아졌습니다. 매장에서 판매를 할 경우에는 사장님 및 매장관리자가 손님을 대상으로 맨투맨 서비스를 하기 때문에 비교적 일정한 서비스를 제공할 수 있습니다. 그렇다면 배달 음식의 경우에는 손님에게 음식을 전달하는 배달 직원은 그 업장의 얼굴이자 또 다른 사장으로 느껴질 것입니다. 그렇기에 배달 시 안부 한마디, 인사 한마디가 손님에게는 재주문의 계기가 됩니다. 배달 직원 교육 매뉴얼을 공유합니다. 작은 교육으로 친절한 배달 직원 한 명이 수백 건의 재주문을 유도할 수 있습니다.

항목	준비	액션
주문 시	배달 주소와 주문 품목을 정확히 확인한다. (20분 안에 음식 준비)	배달자 출발시 헬멧 확인
도착 시	도착하면 모자를 벗고 문을 두드린 뒤 소속 밝힘 (5분 안에 배달 완료)	안녕하세요! ○○에서 배달왔습니다.
전달 시	제품과 영수증 확인 후 두 손으로 전달	카드 및 현금 두 손으로 받기
퇴장 시	정중히 고개 숙여 인사하기	맛있게 드시고, 좋은하루 되세요!

③ 아르바이트 직원 교육법

업장을 운영하며 많은 시간과 에너지를 아르바이트생 교육하는데 투자합니다. 아르바이트 직원도 일반 직원과 같이 고객을 직접적으로 응대, 서비스를 하는 사람들이기에 허투로 교육할 수는 없지만 관리자도 업무가 산적해 있기에 항상 같은 에너지로 교육하기에는 힘들 때가 많습니다. 이런 경우 직원 교육문서를 이용하면 좋습니다. 다음은 테이크아웃점에서 사용할 수 있는 직원 교육 매뉴얼을 준비해보았습니다. 출력 후 코팅을 해서 아래 직원 확인란에 체크를 받고 아래에 서명을 받는다면 관리자는 편하게 교육을 진행할 수 있고 해당 아르바이트 직원은 좀더 빠르게 정보를 습득하는 동시에 책임감도 갖고 일하게 될 것입니다.

항목	내용	체크
근무 에티켓	근무시간은 반드시 준수하기	
	근무시간 내 사담은 최대한 자제하기	
	업장 내 홀, 주방에서 허용된 음식물 이외에는 취식 금지	
	휴대폰은 사용 자제하기	
	근무자간 '-님'을 이용하기(반말금지)	
	개인 용모단정을 항상 단정하게 유지하기	
주문고객 응대법	고객 입점 시: '안녕하세요! OO입니다!'	
	고객 주문 시: '주문 도와드리겠습니다!' 음식 주문 후, '고객님! 혹시 주류나 음료도 주문하시나요?'라고 묻기	
	고객 결제 시: 주문하신 제품을 말씀드린 후 '총 OO입니다!'라고 말한 뒤 손님께서 카드나 현금을 주시면 두 손으로 받고 두 손으로 드리기. '현금 영수증 및 영수증 필요하신가요?'라고 마지막으로 묻기	
	제품 전달 시: 'OOO 나왔습니다!' 전달 후 '맛있게 드세요!'	
	고객 퇴점 시 : '감사합니다. 좋은 하루 되세요!'	
보건증 관리	매장에 근무하는 모든 직원은 보건증(건강진단결과서)을 해당 보 건소에서 발급받아야 합니다. - 진단 횟수: 1년에 1회(검진일 기준) - 건강 진단서는 대체 불가 - 위반할 경우: 과태료 10만 원	
개인위생 관리	복장 관리 - 매장 출입 시 유니폼과 위생모를 반드시 착용해야 한다. - 반지, 귀걸이, 시계 등 장신구 착용 금지 - 손톱은 항상 짧게 관리하고 네일아트는 금지 - 위반 시 : 과태료 20만 원	

개인위생 관리	손 위생관리 – 손을 통해 많은 세균이 음식에 전달 될 수 있기에 작업, 업무 전 손은 항상 깨끗이 씻어야 합니다. – 손 세척 순서: 손 세척–건조–손 소독제 사용 – 손 관리 미흡으로 얼음, 음료가 교차 오염되어 세균이 검출되었을 때 영업정지 15일~1개월 처분 가능

④ 비상 연락망

업장에서 일을 하다보면 사소한 일부터 정말 큰 사고까지 여러 일들이 발생할 수 있습니다. 이에 매장관리자가 항상 있다면 다행이지만, 아르바이트생만 있다면 돌발적인 사고에 대비를 하기에는 여간 쉬운 일이 아닙니다. 그래서 모든 상황에 대비할 수 있도록 비상 연락망을 만들어 놓는 것은 필수일 것입니다.

매장 담당자	사장님 :	
	담당자 :	
발주	OO청과 배송 문의	OOO–OOO–OOOO
	OO유통 배송 문의	OOO–OOOO–OOOO
포스	OO포스	OOOO–OOOO
기계 고장시	쇼케이스 및 냉장고	OOO–OOOO–OOOO
	온수기/글라인더/오븐	OOOO–OOOO

불황기 10배 성장, 망해가는 가게도 살려내는 아주 작은 컨셉의 힘

장사는 컨셉이다

초판 1쇄 발행 2019년 7월 1일
지은이 정선생

펴낸이 민혜영 | **펴낸곳** (주)카시오페아 출판사
주소 서울시 마포구 성암로 223, 3층(상암동)
전화 02-303-5580 | **팩스** 02-2179-8768
홈페이지 www.cassiopeiabook.com | **전자우편** editor@cassiopeiabook.com
출판등록 2012년 12월 27일 제2014-000277호
외주편집 이선일 | **표지 디자인** 김태수

ISBN 979-11-88674-67-1 03320

이 도서의 국립중앙도서관 출판시도서목록 CIP은 서지정보유통지원시스템 홈페이지(http://seoji.nl.go.kr와
국가자료공동목록시스템 http://www.nl.go.kr/kolisnet에서 이용하실 수 있습니다.
CIP제어번호: CIP2019023334

이 책은 저작권법에 따라 보호받는 저작물이므로 무단전재와 무단 복제를 금지하며, 이 책의 전부 또는 일부를
이용하려면 반드시 저작권자와 (주)카시오페아 출판사의 서면 동의를 받아야 합니다.

• 잘못된 책은 구입한 곳에서 바꾸어 드립니다.
• 책값은 뒤표지에 있습니다.